JN187281

国家は破綻する

「日本は例外」にはならない！

藤巻健史

GENTOSHA

国家は破綻する「日本は例外」にはならない！／目次

序章 今後10年に何が起きるか

第1章 「異次元の緩和」の恐ろしい真実

第2章 なぜ日本の株価だけ上がらないのか

第3章 お金の流れが見えると経済がわかる

第4章 「異次元の質的量的緩和」はこんなに危険！

第5章
マイナス金利政策はいいのか、悪いのか？

第11章
崩壊しつつある日本経済

第12章

景気回復で財政は再建できるのか

第13章

マイルドな通貨安が最高の景気対策である

第14章

そもそもアベノミクスとは何だったのか

第15章 穏やかなインフレによる財政再建は可能か？

第16章 今の量的緩和に出口はない！

第17章

FRBと日銀の出口戦略は何が違うのか

第18章 量的緩和をするなら米国債を購入すべきだった

第19章 財政破綻はいつ来るか？

第20章 なぜ日本の財政はここまで悪化したのか

第21章 マネーを守るためにもドルを買え！

装幀／ISSHIKI（萩原弦一郎）
写真／佐久間ナオヒト
DTP・図版／美創

序章

今後10年に何が起きるか

✕これから日本に起きること

2016年の夏に、「International Economy」という世界的権威の雑誌から寄稿依頼がありました。経済・金融に関して、欧米の元職・現職の中央銀行総裁、財務大臣、著名な大学教授などの意見が載っている雑誌で、私も1年に一度くらいの割合で寄稿を頼まれます。「世界で最も著名なエキスパートの中から意見を集めている」と豪語する雑誌ですが、まさにその通りなので、依頼があると光栄に思い、無理をしてでも書くようにしています。

依頼内容は、「今、誰も予想していないが、次の10年で起こりうる（よくもあれ、悪くもあれ）ショッキングな出来事を予想してください」というものでした。

この10年間で、アラブの春、2008年の金融危機、英国のEU離脱……といろいろなことがありました。将来に「確実」なことなど少ないのです。10年前に誰が、マイナス金利、英国のEU離脱、米国のエネルギー自給自足、トランプ氏のような大統領候補の出現、ドローンや自動運転の自動車の開発、ＩＳＩＳ（イスラム過激派組織）、ジカウイルスの出現……等々を予想したでしょうか？

そこで私は、**「日本銀行の倒産」**を予想しました。「エッ？」と思われる方も多いでしょうが、中央銀行の倒産は過去にも例があるのです。

※「日銀の倒産があるぞ」

実際に、戦前のドイツの中央銀行だったライヒスバンク（ドイツ帝国銀行）は倒産したのです。彼らは第１次世界大戦の際、異次元の量的緩和を行い、ハイパーインフレを引き起こしてしまいました。

１９２３年１月に２５０マルクだったパン１個が、12月には３９９０億マルクにまで跳ね上がってしまったのです。**まさにハイパーインフレです。**「喫茶店のコーヒー１杯の値段が、飲み始めたときは６０００マルクだったのに、飲み終わった時点では８０００マルクに上昇していた」という笑い話（？）さえありました。

それで反省したのかと思いきや、ライヒスバンクはナチス政権の圧力に負けて、再度の「異次元の量的緩和」を行い、またまたハイパーインフレを引き起こしてしまったのです。

その結果、ドイツの中央銀行はついに倒産。新しい中央銀行であるブンデスバンクが創設されました。ブンデスバンクはそのような歴史を踏まえ、世界で最も政府から独立した中央銀行となったのです。ＥＣＢ（ヨーロッパ中央銀行）の量的緩和に対してブンデスバンクが激しく抵抗したのは、そのような歴史があるからです。

日本も１９２７年と46年にハイパーインフレ、そしてその結果の預金封鎖、新券の発行を経験しました。しかし全く反省をせず、日銀はまた同じことを繰り返しています。ライヒスバンクと同じことをしているとしか思えません。ですから「日銀の倒産があるぞ」と書いたのです。日銀が倒産すれば、日銀が発行している紙幣は紙くずになります。指をくわえて見ているわけにはいきません。日本は世界の中で最悪の財政状況です。それにもかかわらず、財政破綻が起きていない理由は、一つには「異次元の質的量的緩和」という禁じ手を「歴史の教え」を無視して、日銀の黒田東彦《はるひこ》総裁が実行してしまったからだと思います。

本来ならば、数年前にギリシャと同じ状態になっていたはずです。ですが、黒田総裁が禁じ手の処置をしたがゆえに、倒産せずに延命している。しかし、**それゆえに延命不能になったときのショックは、より大きくなる**と考えています。

日銀は「ルビコン川」ならぬ、「三途の川」を渡ってしまったのです。Ｘデーは先に延びましたが、衝撃はその分、非常に大きくなってしまうのです。私は**今回起こるＸデーは、明治維新、第２次世界大戦の敗戦に匹敵するぐらいの大激震**だと思っています。それに対処し、生き延びるための基本中の基本は、「事態を的確に理解しておくこと」だと思います。

ぜひとも、この本を読んで、Xデーを乗り切っていただきたいと思います。


長男けんたから「お父さんは、人や場所の名前、言い回しの間違いが多すぎる」とよく叱られる。「奥さんの名前さえ間違わなければ、世の中、それほど大変なことにはならない」とうそぶくのだが、やはり間違いが多すぎるようだ。「今日行った店は民主的だね」と言って間違いを指摘された。「庶民的」と言うべきだった。「日本の経済」について外国の新聞社から取材を受けたときは、けんたが大笑いした。日本語がとても上手な外国人記者が「インタビューは英語でやりましょうか？　それとも日本語でやりましょうか？」と聞いたとき、「チャランポランでやりましょう」と答えてしまったからだ。しまった「チャンポン」だった。

先日、夕食時にけんたに向かって、「2年前の休暇で竹島に行ったときは楽しかったね～」と言ったときは叱られた。「竹島に政治家が休暇で出かけたら大問題でしょう？　休暇で行ったのは竹富島。一字抜けるだけで大違いなんだからね」

ここで思い出すのが20年ほど前、テレビのアナウンサーが「日債銀がつぶれました」と言うべきところを「日銀がつぶれました」と言ってしまったことだ。すぐ訂正が入ったが、ボーッと聞いていた私は、驚いて飛び起きた。訂正が入らなくなる日が来ないことを祈る。

第1章

「異次元の緩和」の恐ろしい真実

※実は、消費者物価指数が2％になったときが恐ろしい

日銀は２０１６年９月21日の金融政策決定会合で達成時期の目標を削ってしまいましたが、それまでは２０１７年度後半に、消費者物価指数（ＣＰＩ）２％が達成されると公言していました。詳細は後述しますが、それが達成されると、日米金利差が開き、円安／ドル高が進むので、「消費者物価指数２％は意外と早く達成される」と私は思っています。

しかし、**そのときこそ、政治的にもマーケット的にも、大問題が起きる**と危惧しています。「異次元の量的緩和」を「やめるか継続するか」で、政府と日銀との間で大バトルが始まると思うからです。

日銀の「異次元の量的緩和」は「消費者物価指数２％達成のため」だったわけですから、達成されれば、日銀は当然のことながら「国債購入をやめる」と主張するでしょう。

２０１６年10月６日の参議院予算委員会で私が黒田総裁にお聞きしたら、明確に「やめる」

国債とお金はこう動く

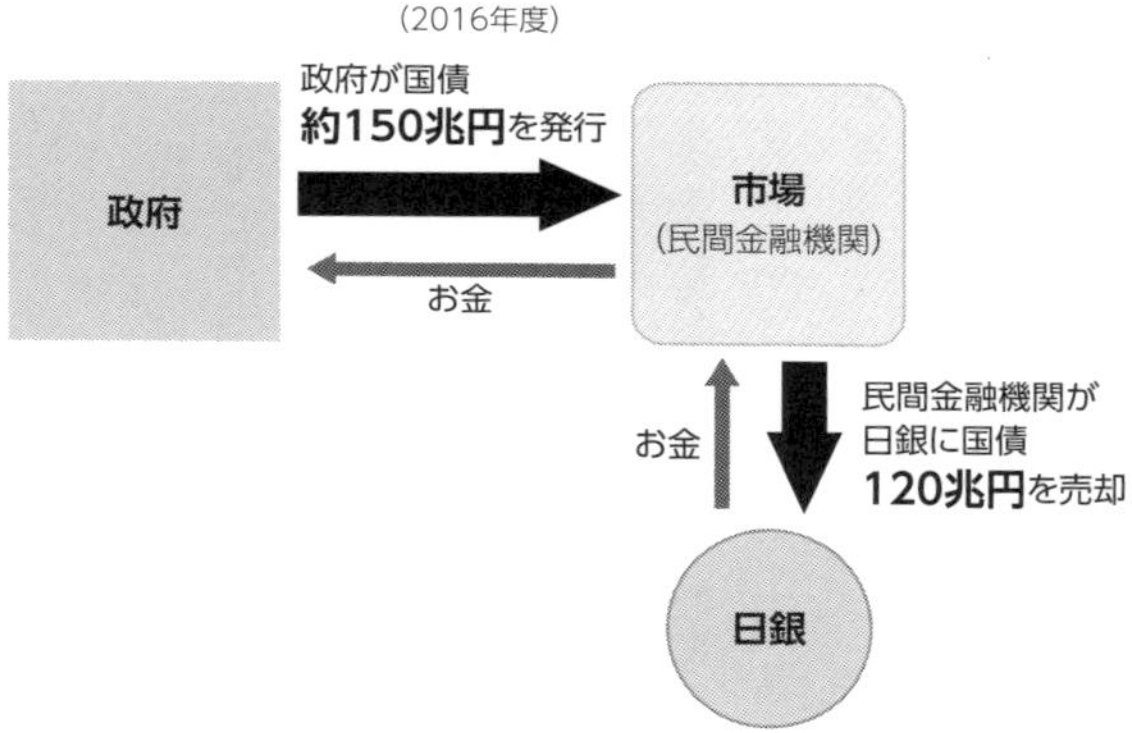

とお答えになりました。

一方、政府は、継続を強引に主張するはずです。**日銀が国債購入の中止を決めたら、国が「資金繰り倒産」をしてしまうからです。**

日銀は現在、国債発行額の8割を買っています。その国債の内訳は、借換債《かりかえさい》（国債の償還額の一部を借り換える資金を得るために発行される国債）＋新《しん》発債《ぱっさい》（新規に発行される債券）になります。

２０１６年度でいえば、政府が約１５０兆円の国債を発行している一方で、日銀は１２０兆円も買っているのです（上の図参照）。どのマーケットにおいても、8割を買っている人が「買うのをやめた」と言えば、そのマーケットは暴落します。

たとえば、日本で売り出される不動産の8割を、中国人が日本人業者から買っているとしましょう。もし何かの理由で中国人が購入をやめれば、不動産価格は暴落します。国債市場もそれと同じです。

値段と利回りはコインの裏表の関係ですから、長期金利は暴騰します。国債が暴落（＝長期金利は上昇）すれば、入札（政府が国債を民間金融機関に売却して資金を得ること）は極めて困難になります。入札は、そのときの国債流通市場の相場に近いところに利回りを設定して行われるからです。

かけ離れたところ（購買者にとって不利なところ）に利回りを設定すれば、民間金融機関は既発債《きはっさい》（すでに発行されている債券）を買い、新発債が発行される入札には目も向けなくなります。

「暴落した国債流通市場と同じレートで入札する」といっても、まさか40％や50％という利回りでの入札は無理でしょう。利回り40％の国債を発行したら、予算など組めません。支払金利以外に政府が使えるお金なぞ、なくなってしまうからです。

入札が実行できなければ、大変です。**現在、税収等は歳出の6割しかありませんから、あとは国債発行という借金が必要不可欠です。入札ができないということは、その借金ができないということです。**

そうなれば政府は、国会議員の藤巻への給料支払いもできなければ（そんなことはどうでもいいのですが）、地方交付税も払えませんから、警察官や消防職員、清掃員の方々への給料も支払いが止まります。年金も払えない。尖閣諸島を守る自衛隊艦船の動力用石油も買えないことになってしまいます。政府の資金繰り倒産の危機です。

国は資産を持っているといっても、警察官に政府資産を売却するまで給料支払いを待ってくれとも言えませんし、現物支給などもちろんできません。まさに日本国がギリシャ化する事態が発生してしまいます。

このような事態を避けるためには、政府は日銀に、「異次元の質的量的緩和」の継続を強要せざるを得ません。日銀に対し、「政府に金を貸し続けろ」ということです。そのお金は輪転機を回し続けることによって生み出されるのです。

「異次元の質的量的緩和の目的は達成されたからもうやめる」という日銀と、「異次元の質的量的緩和を継続せよ」という政府の大バトルの勃発です。

ここからは、かなり小説的に書かせていただきます。一つの道筋というか、私はこれが一番可能性のある筋書きだと思うのですが、いろいろな人の思惑、意思、その他が入りますので、私の単なる推測だと思ってお読みください。

※「黒田総裁」には出口があるが、「異次元の緩和」には出口がない

黒田総裁は、日銀が国債購入を続けるときの「ハイパーインフレ」のリスクを指摘するはず

です。

しかし、政府は「背に腹は代えられない」ので、「日銀法の改正」をちらつかせながら、日銀に「政府の言いなりになれ」とプレッシャーをかけ続けるでしょう。

現在日銀は、まがりなりにも「政府から独立」していますが、「その独立性をなくすよう法律を改正するぞ」と政府が日銀にプレッシャーをかけるのです。

黒田総裁は、このときとばかりに政府に抗議をし、「気骨ある総裁」として、その職を辞するのです。そう、**黒田総裁には出口があった**のです。

参議院の財政金融委員会で、私は黒田総裁に、「2018年春に総裁の任期が来るはずです。その後も総裁には職に残っていただき、『異次元の質的量的緩和』をきちんと終結させていただかなくては困ります」と嫌味で言ったところ、「それは私が決めることではありません」と逃げられました。

頭がよい総裁は、出口がないことを十分ご理解されていて、再任要請は絶対に受けないと、私は邪推しています。しかし、それでは逃げたことになり、「ハイパーインフレを作り出した総裁」という汚名が歴史に刻まれてしまう可能性があります。

しかし、「政府に憤然と抗議して日銀総裁を辞めた」となると、話は180度変わります。世間から「気骨ある総裁」という逆のレッテルを貼ってもらえます。まさに政府と日銀のバトルが始まる時点で、黒田総裁には「名誉ある撤退」という出口ができるのです。

困るのは残された日銀です。政府の圧力に屈せざるを得ず、「異次元の質的量的緩和」は継続されるでしょう。やめる目処は立ちません。したがってお金は未来永劫、天から降り続くことになります。ハイパーインフレへまっしぐらです。

マーケットは暴力的に反応すると思います。

日銀が政府の圧力に屈したことが世界に知れ渡れば、日銀が保証する円の価値は大暴落です。円の暴落に伴い、インフレ率は急騰し、長期金利も暴騰、日本株も暴落というトリプル安が予想されます。完全なる日本売りです。

日銀には、黒田総裁と違って出口がないのです。

現在、日本の経済がなんとなく平和裏に動いているのは、「**アベノミクスが成功せず、景気がよくならずに、デフレ状態が続いているからだ**」と私は思います。**景気がよくなり、消費者物価指数2%が達成されたときに、日本は大問題に直面するのです。**

円高のせいで景気低迷が続けば、破綻のシナリオは先に延びますが、それがよいことなのか悪いことなのかは私にはわかりません。日本は景気がよくなっても悪くなっても大変なのです。「異次元の量的緩和」で日銀は「ルビコン川を渡った。三途の川でないことを祈るばかりだ」と私が言うのは、そういう理由からです。

第2章

なぜ日本の株価だけ上がらないのか

※最近の日本経済の動きとは

まずは直近の日本経済の動きを振り返ってみましょう。

2012年秋、安倍晋三首相がまだ野党であった自民党総裁のときに、「円安が必要だ」と何度も叫ばれました。そのため安倍政権が誕生すると、1ドルは70円台から125円台へとドル高/円安が進行し、デフレ脱却、景気回復基調が明確にでました。

ここで注意しておきたいのは、「異次元の量的緩和」を開始したから円安が進み始めたのではない、という点です。黒田総裁が「異次元の量的緩和」を開始する2013年4月直前のドル/円相場は、すでに1ドル＝100円近くまで円安が進んでいたのです。

国のリーダーが「円安が必要」と明確に言うことが、いかに重要かがわかります。

ところが1ドル＝125円に達した2015年夏から、円安進行が止まってしまいました。そのせいで景気回復もデフレ脱却も腰折れしたのです。

２０１６年に入ってからは、円安進行が止まったどころか、逆に円高が進んでしまいました。したがって景気低迷、デフレ再突入への懸念が広がったのです。

※「為替」が「株価」を決める

円高になると、株安になります。２０１６年は、その傾向が顕著にでています。ですから短期の為替の動きは、株価の動きから推測されます。私などは情報機器を見る際、まずは日本株の動きを見ます。それで為替の動きが推測できてしまうのです。株価が大きく下がったときは、「円高が大きく進んだんだろうな」と思うし、株価が小さく下がったときは「少し円高が進んだんだろうな」と推測できます。株価が大きく上がったときは、「円安が大きく進んだんだろうな」と思うし、株価が小さく上がったときは、「円安が少し進んだんだろうな」と思います。

このように株価の動きを見れば、為替のサイトを見る前に、その動向が予想できるのです。

よく「為替は株価に影響される」と頓珍漢なことを言うコメンテーターがいますが、逆ですから、よくよく気をつけてください。**為替によって株価が動くのです。**

為替によって、日本経済や企業実績の将来が変わってきます。為替は値段そのものですから、景気や企業業績に多大な影響を与えるのです。「為替が原因、株価は結果」です。逆ではありません。

2016年2月の仙台でのG7で「通貨切り下げ競争はしない」と先進7カ国間で取り決めが行われました。なぜなら「通貨切り下げ（日本では円安）」は自国の景気にとっていいことだからです。**「自国にとっていい」とは、「相手国にとって悪い」ということ。**だから皆で、お互いに「自国通貨の切り下げ競争はしない」と約束したのです。

このことからもおわかりのように、**円高へ戻ってしまったのですから景気は悪化するし、デフレに戻ってしまうのは当たり前**なのです。

円安だと、外国人にとって日本製品の魅力は増します。1ドル＝100円のとき、外国人は200円の日本製品を2ドル払わなければ購入できませんが、1ドル＝200円の円安になると、1ドルで購入できます。日本製品の需要は世界中で高まります。日本人は外国人と日本製品の奪い合いです。だから国内価格も上昇し、インフレになるのです。

しかしながら、順調に回復しつつあったと思われていた世界経済も、2016年の初めから変調を来《きた》しました。中国経済の先行き懸念と、石油価格の急落が原因です。

また2014年夏には1バレル100ドル台だったWTI（テキサス州とニューメキシコ州を中心に産出される原油の総称）が、2016年2月には1バレル27ドルまで下落したのです。米国の利上げ予想による、新興国からの資金流失懸念も影響したのかもしれません。それらを理由に世界の株価が急落し、世界経済への不安感がピークに達しました。2月の中旬には世界

日本株はこんなに下落している！（単位：各国通貨）

	2015年末株価	2016年最安値	最安値の日付	下落率	2016年9月23日終値	対2015年末比
日経平均	19,033	14,952	2月12日	**21%**	16,754	**88%**
NYダウ	17,425	15,660	2月11日	10%	18,261	105%
上海総合	3,539	2,655	1月28日	**25%**	3,275	**93%**
ハンセン（香港）	21,914	18,319	2月12日	16%	23,686	108%
FTSE100（英国）	6,242	5,536	2月11日	11%	6,909	111%
CAC40（フランス）	4,637	3,896	2月11日	16%	4,488	97%
DAX（ドイツ）	10,743	8,752	2月11日	19%	10,626	99%

の株価が底値をつけました。この時点（２０１６年最安値）で注目すべきことは、震源地の中国株についで、日経平均の下落幅が大きかった点です（上の図参照）。

世界経済は安定期に入った

現在、中国経済は安定に向かいつつあり、ＷＴＩの先物は９月28日に減産合意が成立したこともあり、50ドル近く（９月30日の終値は48・２４ドル）まで回復しました。それらを反映して世界の株価は急回復し、世界がまだ景気を楽観視していた頃（２０１５年末）の価格にほぼ戻りました。

世界経済不安は、ほぼ解消したという理解です。米国経済は利上げを考えているほどに堅調ですし、株価は史上最高値圏内です。また失業率はほぼ完全雇用といわれる４・９％（２０１６年８月の統計）

です。

ドイツは単年度財政黒字、英国も2019年度に黒字化の見通しです。英国株価はEU離脱決定直後に5982ポンドまで下落しましたが、今はそのときに比べ、15%も上昇しています。EU離脱に伴うポンド安のおかげでしょう。

投資家は能天気に株を買っているわけではありません。経済の先行きを考えながら決断します。安倍首相は、消費税増税延期の理由に「世界経済が危機的状況に陥る可能性」を挙げましたが、リーマン・ショック級の危機が迫っているとの認識なら、株なぞ誰も買いはしません。

世界の株価は、経済楽観論が主流だった2015年末のレベルに戻っているのです。

注目は日本です。日経平均は2016年2月の最安値時には、不安の発祥地である上海並みに下落したうえに、**現在でも**（世界経済が楽観視されていた）**2015年末の価格の88%までしか回復できていません。**上海でさえ93%まで回復しているのに、です（前頁の図参照）。NYダウ、ハンセン（香港）、FTSE100（英国）は、2015年末価格を上回っているにもかかわらず、です。

脱線しますが、米国NYダウが史上最高値圏にある一方、日経の現在値は史上最高値（1989年12月末の3万8915円）の4割強にしかすぎません。NYダウの1989年12月末は2753ドルですから、現在6・6倍にも上昇しています。4割vs.6・6倍なのです。

日本株は、他国株に比べて大きく出遅れているのです。リーマン・ショックの後も同じ動きでした。これらは、ひとえに円高のせいだと思います。

日本の株価だけが取り残されている

ドル／円は、2015年末に1ドル120円60銭でした。その後の世界経済不安が避難通貨（私はとんでもない誤解だと思いますが）と称される円を押し上げました。為替は株価に大きな影響を与えるので、円高に伴って株価が下落し、「逆資産効果」で景気停滞に陥ったのだと思います。ちなみに「資産効果」とは株価や不動産価格が上昇することによって、それらを保有する人たちがお金持ちになった気になり、消費を増やすことです。1985年から1990年に株価と不動産価格の急騰により経済が狂乱した現象をさし、その反対が「逆資産効果」です。

将来の経済を予想するといわれる世界の株価は順調です。日本株だけが取り残されています。

だからこそ、2月のG7で安倍首相は、当初「（世界経済が）リーマン・ショック級の危機に陥るのを警戒」と発言したものの、各国首脳から総スカンを食ったのです。

その結果、安倍首相の発言は「大きなリスクに直面している」とトーンダウンしました。

ドイツのメルケル首相やキャメロン英首相は、最初の安倍首相の発言に「そうした状況ではないのではないか」と反応しました。毎日新聞によると、海外マスコミはさらに辛らつな論評をしているそうです。仏ルモンド紙は「安倍氏は『深刻なリスク』の存在を訴え、悲観主義で驚かせた」と報じ、「自国経済への不安を国民に訴える手段にG7を利用した」との専門家の分析を紹介したそうですし、米経済メディアのCNBCは「増税延期計画の一環」「あまりに芝居がかっている」などとする市場関係者らのコメントを伝えたといいます。中国国営新華社通信は「日本の巨額債務は巨大なリスクで、世界経済をかく乱しかねない」と指摘しました。

2016年6月6日の日本経済新聞7面に、大林尚欧州総局長のコラムが載っていますが、「世界経済に関する討議でキャメロン氏はすかさず安倍晋三首相に反論した。『危機（クライシス）とまで言うのはどうか』『他国に財政拡張への同調を求める前に、まず自らの財政をきれいにしたらどうか。もし本物の危機がやってきたとき、日本の政策対応は機能するのか』。安倍氏への反論の本音はこんなところかもしれない」と記しています。

「世界経済のリスク」を理由とする「消費増税延期」は、あまりに無理筋でした。

この30年間の日本経済の動き

「英国中央銀行に勝った男」としても有名なジョージ・ソロス氏は、2013年4月5日にCNBCのインタビューで、「日本は25年間経済を前進させられず、赤字を積み上げるだけだったため、日本が行っていることは実際のところ非常に危険だ」「日銀は円の下落を止めること

日本だけ国力が伸びていない！

世界各国の名目GDPの推移（2015年）

	対1985年比	対1995年比
日本	**1.51**	**1.00**
米国	4.13	2.34
英国	4.88	2.38
韓国	17.84	3.63
シンガポール	9.80	3.22
豪州	7.38	3.58
中国	74.99	11.15

ができないかもしれない」と発言しました。まさにその通りだと思います。

今、円は「避難通貨」という認識が市場で広がっていますが、二十数年間も経済が停滞して、危険な施策を打っている国の通貨が、避難通貨なわけがありません。**暴落の危機があるとの認識を、私はソロス氏と共有します。**

政治家・識者・マスコミは「日本の景気がよくなった／悪くなった」と前月や前年と比べてコメントします。しかし、もう少し離れた視点から分析することが必要です。国力ともいうべき日本の名目国内総生産（GDP）は、20年間全く伸びていないのです。

各国のGDPについては20年間で、米国は2・3倍、英国は2・4倍、韓国は3・6倍、シンガポールは3・2倍、豪州は3・6倍、中国は11・2倍にもなっているのに、**日本の名目GDPは全く伸びていない**のです（前頁の図参照）。すべて自国通貨ベースでの話です。情けないことです。

名目ＧＤＰが「ついに中国に抜かれ、世界3位に下落した」と騒いだのは、たった6年前の話です。**それが今や、日本の名目ＧＤＰは、中国の3分の1になってしまいました。**それも、**たったの6年間に、**です。

また30年前、日本でいえばバブル（１９８５～90年）開始時の１９８５年との対比ですが、日本の名目ＧＤＰはたしかに１・５倍にはなっています。しかし米国は４・１倍、英国は４・９倍、韓国は17・8倍、シンガポールは９・８倍、豪州は７・４倍、中国にいたっては75倍にもなっているのです。７・５倍ではありません。75倍です。日本はなんとも情けないかぎりです。

名目ＧＤＰが小さい国が、何倍にもなるのはわかります。しかし、日本よりはるかにＧＤＰが大きかった米国のほうが、日本よりはるかにＧＤＰを膨らませたのです。

元の体重が１００kgの小兵の舞の海が、体重を４・１倍にして４１０kg、一方、体重２００kgだった小錦が１・５倍の３００kgに増やしたのならまだ話はわかります。しかし、この日本とアメリカの関係は、舞の海が体重１００kgを１・５倍にして１５０kgにした一方、もともと２００kgあった小錦が４・１倍の８２０kgにしたようなものなのです。

日本の何かが間違っているはずです。金融政策と財政政策を最大限に発動したのに、全く国力が伸びなかったのです。よく識者は「経営者が内向き志向だったからだ」「研究開発費に金を使わなくなったせいだ」と分析します。そういう理由ですべての外国に出遅れたのなら「日本人が他民族に比べて著しく劣っていた」ことになってしまいます。本当にそうでしょうか？

私は、米国留学の経験で、ユダヤ人と日本人は世界で最も頭のいい人種だと確信しました。日本経済が、他国に比べて際立って低迷してしまった最大の理由は、「日本は社会主義国家だったから」だと思います。

私がモルガン銀行（現ＪＰモルガン）に勤務していた頃、部下の外国人は、皆が皆「日本には格差がない。日本は世界で一番の社会主義国家だ」と言って、帰国していきました。そう、日本は「大きな政府、規制過多、結果平等主義の税制」の社会主義国家なのです。

日本人は市場原理を嫌います。これが日本経済の最大の敗因だと思います。社会主義国家だったせいで市場原理が働いていないことが、国力低迷の大きな原因の一つなのです。


ジョージ・ソロス氏は、今でも最前線で大きな勝負をしているという誤解がある。

しかし、私がソロス氏のアドバイザーになった２０００年４月の段階では、彼は慈善事業をするオフィスにいる時間が７割で、ヘッジファンドのオフィスには３割の時間しか出社していなかった。ソロス氏は、もちろんファンドのオーナーであり、最も大きい資金提供者であり、かつファンドの顔である。しかし、ファンドを動かしていたのは、（２０００年夏に私が退社するまでは）ドラッケン・ミラー氏とニック・ロディッティ氏であった。

ソロス氏は、本当に人のいいおじいちゃんだ。しかし、彼といい、息子のロバート氏といい、ファンドで働く人々に尊敬され、強力なリーダーシップを発揮していたことは事実である。

私が成績不振で解雇された後、部下のウスイ嬢をソロスファンドの不動産部門で引き取ってもらった。不動産部門の社長のアメリカ人と私は、仲がよかったからだ。

そのウスイ嬢から、数カ月後にEメールが来た。「昨日のプレゼンにはジョージ・ソロス氏はでてこず、代わりに息子のロバート・ソロス氏がいました。世界中どこでも一緒だなと思ったのは、日頃、神様のように偉そうにふるまっている米国人の××氏（うちの社長、覚えてます？）も、ソロス家の前ではまさに『長いものには巻かれろ』精神を貫いて、すごく腰が低くなるんですよ。もう笑っちゃう。実は、藤巻さんのスタンスは、社会人のグローバルスタンダードだったんですね（笑い）」

ところでウスイ嬢の報告によると、ソロス氏との契約解除で私がでていった後、私のオフィス（部屋）は、不動産部門等が会議室に使っているそうだ。外国人連中は秘書に「これからフジマキ・ルームで会議だから」などと言っていたそうで、私は死んで（クビになって）トラの皮ならぬ名前を残したそうだ。アメリカではよくあるんですよね。死んだ人の名を、空港とか船の名前につけるのが。ジョン・F・ケネディ空港とか、原子力空母ロナルド・レーガンとか。

なぜ量的緩和が始まったのか

「伝統的金融政策」とは、金利を上げたり下げたりすることで景気やインフレ率を調整しようとする政策です。景気が低迷していれば金利を下げ、景気が上振れすれば金利を引き上げるという政策で、長年行っているので、その効果は学術的にも実務的にも検証されています。

たとえば喫茶店をオープンしたいとき、銀行から融資を得てスタートするのが一般的ですが、景気が悪ければ、売上があまり期待できませんから、高い金利でお金を借りては採算が合いません。したがって喫茶店をオープンしようという人は減ってしまいます。そこで銀行の金利を下げて顧客側の支払金利負担を下げ、開店意欲を引き出そうとするわけです。

一方、景気がよいときに、金利を低いままにしておくと、喫茶店の開店ラッシュが続き、建設業者、内装業者等の仕事は増え、人手不足で人件費も上がっていきます。ですから金利を上げ、開店意欲を押し下げるのです。

このように金利を上げたり下げたりしながら、景気やインフレ率を調整しようというのが、伝統的金融政策です。

このとき、日銀は「金利を何%にしろ」と命令しているわけではありません。日銀は望ましい金利レベルになるよう誘導しているだけです。かなり以前は「公定歩合」を動かし、金利を誘導していました。公定歩合とは、日銀が民間銀行に資金を貸すときのレートです。ある日、民間銀行に日銀から電話がかかってきて、「今日からお金貸すよ」と言われるのです。そのときのレートが公定歩合です。

民間銀行同士で取引している金利より低く、非常に魅力的ですから、民間銀行としては、拒絶する理由はありません。また昔は、日銀からの要請を拒絶する風潮などありませんから、日銀から電話が来ると「Ｙｅｓ，ｓｉｒ」とすぐに借りたのです。

逆に日銀が金利を高めに誘導しようとするときは、銀行間市場にある資金を吸収します。その場合、日銀が民間銀行に電話をかけて、突然「貸してある金、返せ」と言うのです。このようなオペレーションにより、日銀は銀行間市場の金利水準を調整していました。それが割と昔というか、私が邦銀に入行した頃（１９７４年）の金融政策だったのです。

規制金利時代で、預金金利などの各種の金利は、この公定歩合に連動していたため、「公定歩合」が変更されると、金利もいっせいに変更される仕組みになっていたのです。

ところが、いろいろと文句がでてきました。主として外国の銀行（外銀）からです。私も文句を言いに日銀に行かされました。公定歩合という一番低く、魅力的なレートで資金を借りられるのは邦銀だけではないか？　国内企業優遇策ではないか？　またどの邦銀にいくら貸すかは日銀の裁量による。裁量行政だ！　と訴えたのです。

日銀の返事は、「邦銀には金利ゼロの『法定準備預金（詳細は後述）』をたくさん積んでもらっているから、その見返りだ」ということでしたが、あまり説得力はありません。裁量行政は世界標準ではないのです。そこで公定歩合での金利誘導は消えてしまい、新しい金利誘導策が始まったのです。

１９９４年に金利自由化が完了し、「公定歩合」と「預金金利」との直接的な連動性はなくなりました。こうして「公定歩合で金利を誘導しよう」という時代は終わりを告げたのです。現在、「公定歩合」は「基準割引率および基準貸付利率」と名称も変わり、単にアナウンスメント効果としての役割しかなくなりました。

その後は、日銀が民間金融機関から、その保有国債や保有手形を買ったり、日銀が保有している国債や手形を売却したりして、金利を誘導していく時代となりました。

日本では景気低迷、デフレが続き、前述の方法でどんどん金利を低く誘導していったのですが、ついに金利がほぼゼロになってしまいました。もう金利は下げられないということで、非

伝統的金融政策といわれる、異次元の量的緩和が始まったのです。

金利の上げ下げではなく、銀行間市場にお金をジャブジャブに供給することにより、景気を刺激して、デフレから脱却しようという政策です。

私はこのとき、マイナス金利政策のほうがよい、金利がゼロになったのなら、次はマイナスにしたほうがいい、と言ったのですが、誰も賛成してくれませんでした。私の提案は日の目を見ることなく、量的緩和が始まったのです。

安倍首相は「デフレを脱却するためには量的緩和しかなかった」とずっとおっしゃっていましたが、2015年、日銀はマイナス金利政策を採用しました。「量的緩和しかなかった」とおっしゃいますが、「マイナス金利政策だって選択肢としてあったではないか」と抗議したいくらいです。**最初からマイナス金利を採用していたら、副作用もなく、景気は今頃回復していただろうに**と思い、私は悔しい思いをしています。この辺は後の章で詳しく述べます。

日銀当座預金とは

皆さんが民間銀行に預金するがごとく、民間銀行も日銀に口座を持ち、預金をしています。それが日銀当座預金です。

私のモルガン銀行勤務時代は、日銀当座預金への付利（金利を払うこと）金利は0％でした。

その結果、当時の日銀当座預金残高は、「法定準備預金額」とほぼ同額でした。

法定準備預金というのは、民間銀行が一般の方から定期預金、当座預金、普通預金を預かれば、「その何％かを日銀当座預金に預けなければいけない」という制度です。

「Aさんからいくらかお金を預かれば、（たとえば）その１％を日銀当座預金口座に預けておきなさい」という日銀法に定められた決まりごとで、金融政策の一法です。

１００万円預かったうちの１万円を、民間銀行が法定準備預金として日銀当座預金に預けると、貸し出しに回せる資金は99万円ですが、法定準備預金率を上げて10％とすると、１００万円預かっても90万円しか融資に回せません。このように法定準備預金率を引き上げることによって、金融引き締めができるのです。反対に景気を刺激したいときは法定準備預金率を引き下げます。

昔はそれなりに金利が高く、融資に回したり、他行に貸せば、金利がもらえました。ですから、法定準備預金以上に日銀当座預金に資金を置いておこうという銀行などありませんでした。だからこそ日銀当座預金残高は、法定準備預金残高とほぼ一致していたのです。

量的緩和は、法定準備預金額以上に、日銀当座預金にお金を積ませようという政策です。

ただ「量的緩和」は学問的にも経験的にも、効果があるかどうか判明していません。**それどころか、歴史を見るかぎりでは、ハイパーインフレになる可能性が極めて高い政策なのです。**

※お金とは何か

お金と聞くと〝現ナマ〟を連想する方が多いかと思いますが、金融の世界でお金といえば〝現ナマ〟だけではなく、日銀当座預金も含んでいます。**日銀が「異次元の量的緩和」で増やしているお金とは、「発行銀行券」よりも「日銀当座預金」なのです**（参考／2016年8月末で発行銀行券96・4兆円、日銀当座預金303・5兆円、貨幣流通残高4・7兆円）。

皆さんは「1時間後にお金が必要なのですが、いくら用意ができますか？」と聞かれたときに、金庫内にある現ナマだけではなく、銀行に預けてある預金（すぐに下ろせるもの）も含めて回答されると思います。それと同じです。

日本で動いているお金とは、発行銀行券と日銀当座預金を足したものなのです。

「異次元の量的緩和」を議論するときも、「ヘリコプターマネー」を議論するときも、理解を早めるために単に「貨幣または紙幣」と表現しますが、この「貨幣または紙幣」には、「発行銀行券」だけでなく「日銀当座預金」も含まれていることに注意してください。

民間銀行は、お金の多くを日銀当座預金という形で保有しています。皆さんが多額のお金が手に入ったとき、現金を手元に置くのではなく、銀行に預けるのと同じです。

発行銀行券や日銀当座預金は、日本銀行のバランスシート（B／S）の右側、すなわち負債

サイドにあります。

発行銀行券は、英語では「Ｎｏｔｅ」というのですが、これは約束手形の意味の「Ｎｏｔｅ」です。約束手形は、振り出した人に提示すれば、お金に換えてくれるはずです。ですから振出人にとっては、負債なのです。

また、日銀当座預金も日銀の負債です。皆さんが民間銀行に預けるがごとく、民間銀行も日銀にお金を預けていますが、その預金が日銀当座預金です。当然のことながら民間銀行から要求があれば、日銀は預金を返済しなければなりません。ですから日銀にとってみると、日銀当座預金も負債になるのです。

日銀当座預金を増やすのが量的緩和

異次元の量的緩和とは「お金をジャブジャブにすること」ですが、基本的には「日銀当座預金残高を増やす」ことです。

お金を増やすといっても、発行銀行券、すなわち現ナマを増やすのは簡単ではありません。現ナマとは、個人サイドからのアクションによって増えていくものだからです。ゴールデンウィーク前に現ナマ需要が増え、発行銀行券の量が増えるのがよい例です。

ゴールデンウィーク前は、現ナマを手元に置いておきたい人が増えるので、ＡＴＭから現金が引きおろされていく。そうすると、民間銀行の現金保有残高が減っていくので、民間銀行は日銀に「現金くださいな」と言う。日銀はその銀行の日銀当座預金を引きおろし、倉庫に置いてあった発行銀行券を銀行に渡す。こういうプロセスで発行銀行券残高が増えるのです。

個人サイドからのアクションによって現ナマが増えるとは、こういうことです。

日銀が発行銀行券をより多く流通させようと大量に印刷しても、倉庫に置いてあるかぎりは単なるモノでしかありません。民間銀行からの要請で彼らの手に渡る時点で、発行銀行券残高にカウントされる（＝現ナマが増える）のです。

現在、昔に比べ、発行銀行券が増加しているのは事実です。金利が低くなって預金しても利子が付かないがゆえに、タンス預金が増えたからでしょう。個人が預金を引きおろしてタンス預金を増やすわけですから、銀行は現金不足になります。日銀に「もっと印刷された紙幣を支給してください」と要求するので、発行銀行券が増えていくのです。

しかし、「国民がクレジットカードの代わりに現金決済を増やす気になる」とか「国内送金の代わりに現金を持参して払う気になる」などの変化がなければ、現金需要はそうは変わりません。

もちろん、記念硬貨のように市中に流通せず、記念品として自宅金庫内に埋没してしまう記念貨幣を発行すれば、日銀も能動的にお金の量を増やせます。**しかし原則的には、発行銀行券**

は「国民の現ナマ需要が増えてこそ、初めて増加する」ことは覚えておいてください。

一方、日銀当座預金は、日銀がその気になれば、簡単に増やせます。実際、異次元の質的量的緩和スタート以降、急速に増えています。今、日銀は、民間銀行から大量の国債を買っているわけですが、その代金を、購入先の日銀当座預金に振り込むことによって決済しています。国債を民間金融機関から買う代金を、その金融機関の日銀当座預金口座に入金する、という形で日銀当座預金残高は簡単に増やせるのです。

質的量的緩和と聞くと、日銀が現ナマを一生懸命刷って、市中にばら撒《ま》いていると考える方が多いかもしれませんが、そうではなくて、日銀当座預金残高を増やすのが、「異次元の質的量的緩和」だと理解していただきたいと思います。

なぜ金融機関は日銀に当座預金を持っているのか

皆さんが銀行預金を持つように、民間銀行も日銀に口座を持っています。それが日銀当座預金です。

私が邦銀に勤めていた頃、日銀は極めて怖い存在でした。退社時に自分のハンコを机の上にころがしたまま帰宅すると、翌朝、事務課長に「明朝、日銀考査が突然入ってきたらどうするんだ。我々の評価はがた落ちだぞ」と怒鳴られたものです。日銀考査で非常に悪い成績を取ると、公定歩合で借りられる資金を減らされたり、最悪、日銀当座預金口座を閉鎖しなければならなくなるからです。日銀当座預金を閉鎖されると、銀行としての体《てい》をなさなくなってしまいます。だからこそ日銀は、民間銀行にとって怖い存在だったのです。

日銀は政府の銀行でもあります。ですから国債購入代金、年金の支払い、その他政府との資金のやりとりは、政府も民間銀行も日銀当座預金を増減させることによって決済しています。

日銀から（魅力的なレートで）お金を借りるのも、その銀行の日銀当座預金残高を増やしてもらう形で行われます。日銀に口座がなければ、日銀は公定歩合での貸金先に、その銀行を加えてはくれないでしょう。

内国為替、すなわち国内送金にも日銀当座預金は重要です。

お母様が東京に下宿している息子C君に送金する際、昨今では現金送金ではなく銀行送金が一般的だと思います。C君がB銀行国立《くにたち》支店に口座を持っているならば、お母様は自分の口座があるA銀行鹿児島支店に行き、B銀行国立支店への送金を頼むわけです。

30万円の送金ならば、日銀にあるA銀行の日銀当座預金残高を30万円減らして、B銀行の日銀当座預金残高を30万円増やします。これはA銀行にしろB銀行にしろ、日銀に当座預金口座を持っているからできることです。両行とも、この口座は本店名義の口座だと思いますが、A銀行本店と鹿児島支店、B銀行本店と国立支店との決済は、単なる行内での勘定付け替えです。

このアクションのためにも、日銀当座預金を持っていなければなりません。**日銀当座預金を持っていないと、銀行としての体をなさないとは、こういうことです。**

大蔵省（現財務省）にはモルガン銀行時代によく行った。支店長になる前にも、同僚外国人の部署でミスが起こると、「日本語ができないから」と代わりに私が行かされた。ある日、大蔵省でお説教を20分ほど聞いて帰ろうとしたら、それまで渋面を作っていた係長がニヤッと笑って、「覚えていらっしゃらないと思いますけど、私、入社試験でＪＰモルガンを受けて、面接でフジマキさんに落とされたんですよ。しかしおかげで大蔵省に入れましたけどね」――。45度下げていた頭を90度に下げ直した後、大蔵省を立ち去った。

日銀当座預金口座の金利とは

私がモルガン銀行勤務時代の日銀当座預金へ付利される金利は０％だったことはすでに述べました。融資など他の資金運用では、それなりの金利が付いていましたから、民間銀行は法定準備預金以上に、日銀当座預金に資金を残しておくことはなかったのです。

逆にいうと、一行が資金を持ちすぎてしまうと、他の銀行が資金不足になってしまいます。

日銀は銀行間市場に、ぎりぎり必要なお金を放出していたのです。日銀の操作により銀行間市場では、完璧に資金需給が均衡していました。

ぎりぎりとは、各行が必要な法定準備預金額を過不足なく、日銀当座預金に積めるということです。私が現役の頃は全行合わせて４兆円くらい。ゆうちょ銀行が準備預金を積まなくてはいけなくなった２００７年10月からは６兆円くらいだったと記憶しています。現在は９兆円ほどです。

ところで日銀は、当時ゼロだった日銀当座預金（法定準備預金を超過する部分のみ）へ付利する金利を＋０・１％に引き上げました。なぜでしょうか？

異次元の質的量的緩和は、日銀当座預金をどんどん増やしていく政策です。そうしておけば、いずれは銀行間市場から市中に資金がしみ出していくだろうと考えたのです。しかし**金利がゼロのままですと、民間銀行が日銀当座預金に資金を置いておくモチベーションがなくなります。**法定準備預金以上のお金を「フリーリザーブ」といいますが、フリーリザーブを持とうという意欲がなくなるわけです。**フリーリザーブにインセンティブを持たせるために、日銀は＋０・１％の金利を付けた**のです。

ちなみに最近は日銀当座預金の、ある部分には－《マイナス》０・１％の金利としました。大部分のところは＋０・１％で、一部－《マイナス》０・１％です。わけがわからないですよね。

フリーリザーブのことを金融界用語では「ぶた積み」という。変な言葉である。私は花札をやったことがないのでよく知らないが、花札用語で価値がないことを「ブタ」というので、こう呼ばれると聞いたことがある。「法定準備預金残高を積み損なうこと」は「ヤキ鳥」という。なんなんだろうか？

このように金融界には、よくわからない言葉が多々ある。

もっとも日銀当座預金が法定準備預金よりはるかに多い現在、「ヤキ鳥」になる銀行などあるはずがない。したがって若いディーラーなど知らない人も多く、死語になっているかもしれない。このようにマーケット用語として使われながら一般社会では使わない言葉は、英語にも数多くある。たとえば1ヤード。1ビリオン（10億）のことだが、なぜ1ヤードというのか。

邦銀のロンドン支店勤務時代、私のアシスタントとして入った英国人の新人の女性は「ボスが何を言っているのかちっともわからない」とこぼしていたが、私が英語が下手だったからだけではないようだ。

モルガン銀行入行直後、私は利益センター（利益を上げるべき部署）である自己ポジション・トレーディングの他に、バックオフィス的な性格を持つ資金繰りのセクションも監督していた。

当時は、まだ自分の部屋はなく、部下と一緒にトレーディングルームの中に机をかまえていた。1986年だったか87年だったか、私の右隣に座っている「日銀当座預金の残高管理」を担当している部下の女性が急に泣き出した。「日銀にある我が社の勘定がマイナスになりそうだ」と言うのだ。日銀当座預金勘定がマイナスになると、「担当者が泣かなくてはいけない」ほど、大変なことなのであろうか？　ましてや、この女性は昔の陸軍大将のお孫さんである。これほどの女性が泣くほどに大変なことなのであろうか？　実際には、大変なことであった。

皆さんが、借り越しを認められていないのに、住宅ローンの元利金返済日に、銀行口座がマイナスになりそうでオタオタするのと同じである。

個人からの預金を受け入れていないＪＰモルガンが、日銀に置くべき必要準備預金額は小さい。数千億円の規模である都銀と異なり、数千万円の世界だ。

当時は日銀が銀行間市場に存在する資金を非常にタイトにコントロールしようとしており、「準備預金の積みすぎ」に対し、日銀はいい顔をしなかったのだ。

そこで我々のように必要準備預金額が数千万円の小さな規模となると、午後3時の締め切り時間直前は、緊張感が急速に高まる。法定準備預金額を過不足なく、必要額ピッタリに納める担当者の技術は神業的なのだ。

話を戻すと、ある部署が資金移動に関する情報を、我々の部署に報告するのを忘れたのである。気がついて午後3時直前に、我々に連絡してくる。当然、支店全体で資金不足となっている。不足分をいくらマーケットから取らなければいけないのか？ そのときの担当者の電卓を叩く速さといったら、惚れ惚れとしてしまうほどだった。

銀行間のマーケットが閉まるのが早いか、「計算結果が先にでるか」の競争だ。

3時ちょっとすぎに日銀からの連絡があると、取り次ぐほうも、取り次がれるほうも、ギクッとする。我々の日銀当座預金勘定が「不足です」という連絡の可能性が非常に高いからだ。

このような事態に陥ったときは、日銀が準備金を多少多めに保持している銀行に電話をして、資金を引っ張ってきてくれる。しかし、日銀主導の時間外取引であるから「事故報告扱い」となって記録に残ってしまう。

冒頭に書いた陸軍大将のお孫さんの女性は、「時間がなくマーケットが閉まる前に、必要な資金を取れない」と判明したために、責任感から泣き出してしまったのだ。

話はさらに続く。ちょうどそのとき「北朝鮮のミグ戦闘機が国境を越え、韓国に侵入」という通信社の第一報がスクリーンにでた。今度はそれを読んだ私の左隣の女性がワンワンと泣き出したのだ。彼女のお父さんは韓国人、お母さんは日本人だ。「なぜ泣くのか」と聞くと、やっとのことで彼女は、「これは北朝鮮の攻撃で、戦争が始まった」と言うのだ。この事件は「北朝鮮のパイロットがミグ戦闘機に乗って韓国に亡命した」のであり、「北朝鮮が韓国を攻撃した」わけではなかったが、通信社の「北朝鮮のミグ戦闘機が国境を越え、韓国に侵入」という第一報では、我々がそんなことを知る由もない。

通信社の第一報を読んでも「大きな交通事故のニュース」ぐらいの認識しかなかった国際政治オンチの私も、この泣き声にビックリしてしまった。

この女性の発言もさることながら、私の左右で女性2人がワンワン泣いているのだ。外資系企業に勤務する女性は帰国子女も多く、独立精神旺盛で非常にしっかりしている人が多い。15年間、ＪＰモルガンに勤めたが、この他の機会にＪＰモルガン勤務の女性が泣いたのを見た記憶がない。テレビの「水戸黄門」を見て泣く私のほうが、よほど涙もろい。それなのに、ちょうどこのとき、よりによって2人の女性が一度に泣いてしまったのだ。

私は仰天し、「世の中に大変なことが起こっている」気分になり、日本国債を思いっきり売ってしまった。当たり前であるが、日銀当座預金勘定が「残高不足」なのは我が社だけの問題。ミグ事件は「単なる亡命事件」。債券市場は、このようなニュースで微動だにするわけがない。そのとき（どういう理由だったか、もう忘れたが）他の理由で、国債価格は私の意に反して上昇してしまった。私は、衝動的な取引により、不必要な損を計上してしまったのだ。

単なる雰囲気、それも局地的な雰囲気で衝動的な取引をしてはいけないという一例である。

お金を刷ると日銀は儲かるのか

「異次元の量的緩和」とは「お金の量を増やすことだ」と申し上げると、「それでは政府・日銀は大儲けですね」とおっしゃる方がいます。「お金を新しく刷れば政府・日銀は儲かる」とお考えになるようです。

しかし、そんなおいしい話はありません。お金を刷ることで国が大儲けするならば、税金を国民から徴収する必要はなくなってしまいます。必要になるたびにお金を刷ればいいだけですから。

「お金を刷る」とは、実際は「日銀当座預金を増やす」ことと「発行銀行券を増やす」ことだと前に申し上げました。日銀当座預金は日銀が民間銀行から預かっているお金ですから、日銀の負債。発行銀行券も、日銀の国民に対する負債です。

負債はいつか返さなければならないので、丸儲けなどということはないのです。

「通貨を発行することによって国・日銀が儲かる」とすれば、それは「元本マルマル」ではなく、あくまでも「資産と負債の利ざや（資産から得る利息と負債に支払う利息の差）」だけとなります。これを通貨発行益《シニョリッジ》といいます。

現在、日銀は国債（資産）を民間銀行から買い、その代金を日銀当座預金に振り込む形（例／みずほ銀行から国債を買い、その代金を、みずほ銀行が日銀に持っている日銀当座預金に振り込む）を主として、異次元の質的量的緩和を進めています。このオペレーションの結果、**日銀が受け取る利息は「国債の金利」。一方、支払う利息は「日銀当座預金への付利利息」です。**なので、**「国債から受け取る金利－当座預金に支払う利息」が通貨発行益**になるのです。

発行銀行券は無利息ですが、現在、日銀当座預金の大半に対して、日銀は民間銀行に０・１％の利息を払っています（注／約９兆円分の法定準備預金残高分は無利息、一部には－《マイナス》０・１％が付いている）。したがって、その受取利息と支払利息との差額が「通貨を増発することによって日銀に入るお金」、すなわち通貨発行益となるわけです。

日銀は、異次元の量的緩和政策で「国債を買えば買う」ほど、言い換えれば「日銀当座預金残高を増やせば増やす」ほど、通貨発行益を増やせるのです。

「将来もずっと通貨発行益で儲かるのだから、将来の利益を現在価値に割り引いて（次頁の〈注〉を参照）合算すれば、それを通貨発行益総額として資産計上できるはずだ。その通貨発行益総額を歳出の赤字に充てればいいではないか？」と言う識者もいます。

〈注／「現在価値に割り引く」とは？……本日の100円と1年後の100円は価値が違う。皆、1年後の100円より今日の100円を好む。今日100円をもらえば、1年間の運用で利息をもらえるからだ。したがって1年後の100円は、今日の何円に相当するかと引き直すことを「割り引く」という〉

しかし、その考え方は危険です。今後も毎年、受取利息のほうが支払金利より多いとは限らないからです。詳細は後で述べますが、量的緩和を開始した以上、今後の金融引き締め時には、日銀当座預金の付利金利を上げていくしか方法はないといわれています。米国のFRB（連邦準備制度理事会）も同じ方法を取ると公言しています。

しかしながら、この方法を取ると、将来、日銀の支払利息が急増し、受取利息より多くなる可能性が極めて高いのです。そうすると通貨発行益がマイナスになってしまいます。

今、「量的緩和の出口論」で問題になっている点の一つは、この問題なのです。

5月29日の日経新聞「経済論壇」は一橋大学の齊藤誠教授の以下のコメントに触れています。

「（齊藤教授は）『日銀は、民間銀行から借りた金利負担ほぼゼロの資金で国債金利の収入を得るから、国債金利分が日銀の収入になり、それを国庫に納付する。これこそ、通貨発行収入に相当する。しかし、いくら積極的に金融緩和を展開しても、デフレから脱却できれば、通貨発行収入どころか、通貨発行支出が生じる』と警鐘を鳴らす。日銀の通貨発行収入があるから消費税増税など必要ないとは、とても言えないと、齊藤氏は断じる」

まさにその通りです。

「正の通貨発行益がいつまでも続く」と議論する方は、「日銀の負債の大半が発行銀行券だ」と誤解している可能性があると思います。

しかしながら日銀の負債の大半は日銀当座預金で、将来、金利が高騰すれば、日銀当座預金に対する多額の支払金利が発生する可能性があるのです。

2016年の夏に行われた民進党代表選の討論会で、蓮舫氏が玉木雄一郎氏に「男なら泣くな」と注意したそうだ。私も映画や「水戸黄門」で泣いてしまうほうだから、偉そうなことは言えないが、初代林家三平師匠のおっしゃる通りだ。

「男は泣いてはいけない。泣いていいのは財布を落としたときだけだ」

私も、三井信託銀行（当時）千葉支店に入社した最初のボーナスを、もらった日に飲み屋を出たところで落とした。千葉駅で気がつき、大急ぎで戻ったが、なかった。私は号泣した。

1974年のことだ。当時はまだ現金で給料・ボーナスが支給されていたので、発行銀行券の需要が多かった。今は振り込みを利用している企業がほとんどだろう。

現金支払いの代わりにクレジットカードの利用も増えた。クレジットカードといえば、家内のアヤコも機内販売で利用しようとした。

「これ見せると3%引きなんですよね」とJALカードを提示したら、CAいわく、「いえ、3%増しです」と笑顔。

あ、そうか、この飛行機はANAだった。しかし、この切り返しはうまい。座布団3枚。

※日銀についての応用編

（この項目は少し難しいので、読み飛ばしていただいても、後の展開がわからなくなることはありません）

「日銀の受取利息と支払利息の金利差以外に、元本部分の通貨発行益があるのでは？」という主張もあります。机上の理論なら「元本部分の通貨発行益もある」かとも思いますが、実務上は国民に権利放棄をしてもらわねばならないので難しいと思います。

つまり、その主張は「発行銀行券96兆円の一部（たとえば50兆円）は、すでにタンス預金等で埋蔵してしまっているので、それに見合う日銀保有国債（たとえば50兆円）は、日銀が国への請求権を放棄（国にとっては償還不要）してもいいのではないか？ そうすれば国の借金も減る」というものです。

ただ可能だとしても、発行銀行券残高のうちの一部分（たとえば50兆円）にすぎず、国の借金の１０５３兆円に比べれば、たかが知れています。

さらに以下のような実務的な問題点も残ります。
（イ）発行銀行券残高のいくらが請求されない部分かを認定することが至難の業。
（ロ）国民の請求権放棄による国の債務償却であるので、国が信用を失う可能性がある。
（ハ）財政再建による国債の圧縮という本筋の手段ではなく、実態を覆いかくすための奇策と非難される可能性がある。

第4章

「異次元の質的量的緩和」はこんなに危険！

貨幣量の伸び方が異常

私が現役のとき（2000年まで）の貨幣供給量は、経済成長に合わせて極めて適切なペースで増加していたと思います。繰り返しになりますが、貨幣供給量とは「発行銀行券残高」だけではなく、「日銀当座預金残高」を含めての話です。厳密にいうと、この2つ以外に「政府発行硬貨」が含まれますが、「政府発行硬貨」は相対的に微々たるものです。したがってこの本では「政府発行硬貨」は省いて話を進めていきます。

貨幣量の増大ペースは、高度成長期には速く、バブル崩壊以降の景気低迷期には遅かったのです。

経済成長に合わせて極めて適切に貨幣量が増えた結果、私がモルガン銀行を辞めた2000年3月末時点では、発行銀行券残高は54兆円、日銀当座預金残高は6・8兆円でした。**発行銀行券残高のほうが、よほど大きかった点は注目です。**

お金の量はこんなに増えた！

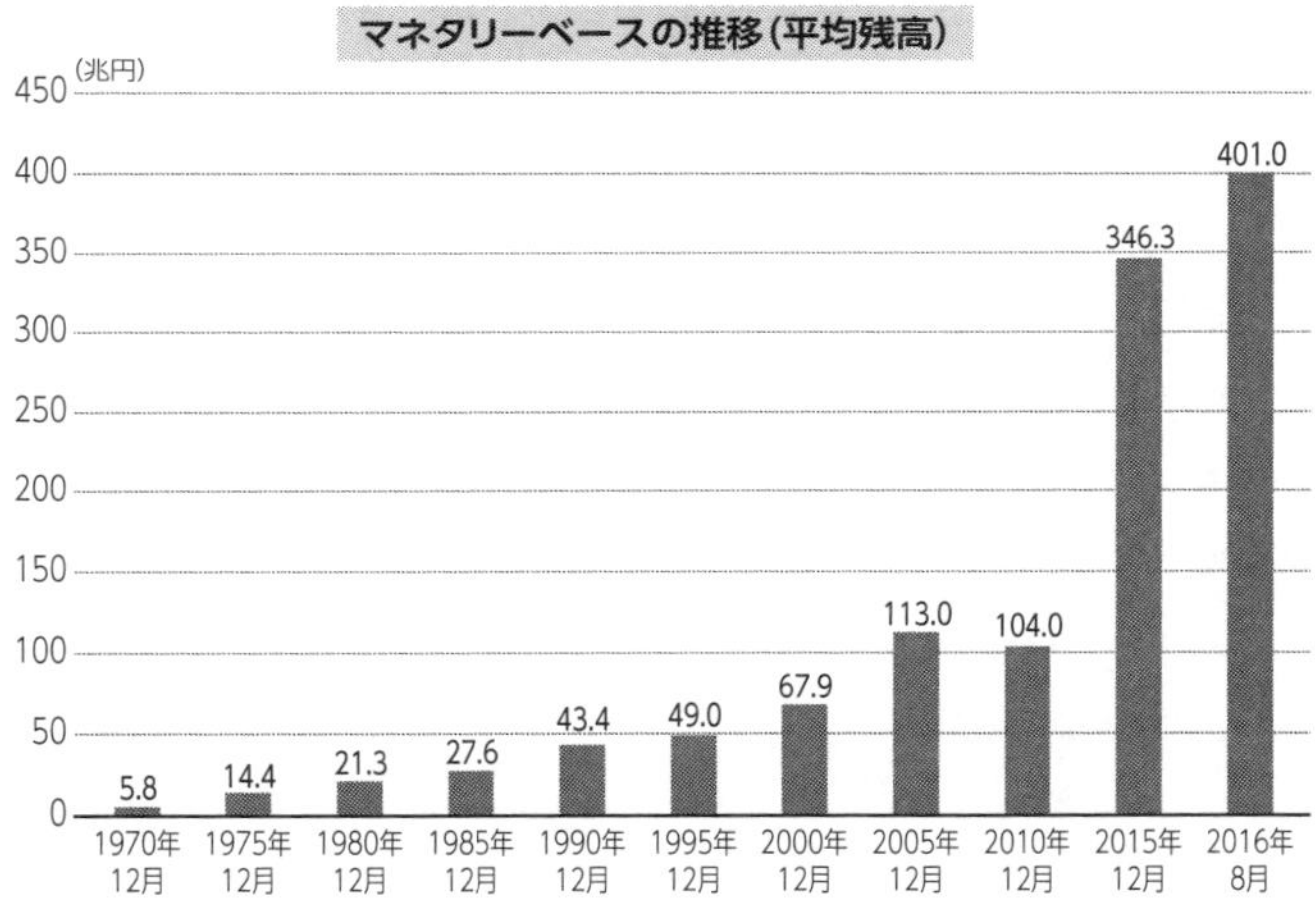

上の図のマネタリーベース（発行銀行券と日銀当座預金の合計額）の推移を見てください。この異常な増え方に驚かれる方も多いでしょう。

また現在（２０１６年８月末）、発行銀行券残高が96兆円なのに対し、日銀当座預金残高は３０３兆円です。

日銀当座預金残高が、発行銀行券残高の約3倍にもなっているのです。

私がモルガン銀行を辞めてから、発行銀行券残高は１・８倍にしかなっていないのに、**日銀当座預金残高は45倍**にもなっているのです。その結果、**貨幣量は6・6倍**にもなりました。

黒田総裁の「異次元の質的量的緩和」スタート直前（２０１３年３月末）と比べても、

貨幣量は2・8倍にも膨らんでいるのです。

国力（名目GDP）がほとんど伸びていないのに、この伸び方には恐怖を感じます。理屈では言えませんが、この増え方はディーラーとしてみると異常です。

何が恐怖かといえば、インフレに対しての恐怖です。この20年間で国力が全く伸びておらず、経済規模が同じなのに、お金が7倍弱になったら、お金の価値が下がると思いませんか？ お金の価値が下がる↓1万円札でモノがなかなか買えなくなる↓1万円札の価値が下がる――これこそがインフレということなのです。

経済成長の伸びvs.貨幣量の伸び

「リーマン・ショック以降の貨幣量の増え方は、他国ほどすごくはない」とよく聞きますが、日本は世界で一番最初に量的緩和を始めた国です。リーマン・ショック以降に始めた他国と、リーマン・ショック以降の貨幣量の伸びを比べるのは適切ではありません。

今、日本は他国と同様、兌換紙幣制《だかんしへいせい》（持っている紙幣を中央銀行に持っていくと金《きん》に換えてくれる）ではなく、管理通貨制（日銀のオペレーションの適切性や日銀への信用によって紙幣の価値を保つ）を取っています。

兌換紙幣制は紙幣を自由に発行できない、すなわち貨幣の発行量が十分でなく、貨幣価値が上昇、すなわちデフレに陥ってしまう可能性があります。

その一方、管理通貨制では、貨幣量を自由に決められる一方、日銀の信用が非常に重要となります。また発行しすぎれば、悪性インフレになってしまいます。

黒田総裁以前の日銀は、まさしく紙幣を管理通貨と見なしてオペレーションを行っていたと思います。私が現役の頃、日銀が市中から買っていた国債は、ほとんど全部が短期国債です。そして成長通貨として経済が成長した分だけ、長期国債を買っていました（＝回収する必要のない資金の市中への放出）。長期国債の購入量は、今と比べれば考えられないくらいの少額です。まさに経済力に合わせて、通貨量のコントロールを行っていたのです。

黒田総裁は「通貨発行量の不足がデフレ状態を招いている」と判断して、「異次元の質的量的緩和」を行ったのでしょう。しかし今まで述べてきたように、**国力に比べてあまりにも過剰な通貨量を供給しています。**今の通貨量が適正ならば、「異次元の質的量的緩和」前の貨幣量の不足額はすさまじかったはずです。そうであれば大デフレ（＝貨幣の価値が高い）が進行していたはずです。当時、たしかにデフレではありましたが、大デフレだったとは思いません。

さらに黒田総裁の行った「異次元の質的量的緩和」の大問題は、〝質〟的緩和の部分で、「10年債、30年債」という長期国債の爆買いを開始してしまったことです。これはマスコミではあまり取り上げられていないのですが、出口を考えると、ものすごく大きな問題です。

一言で言えば、**「日銀は通貨量をコントロールする手段を放棄してしまった」**ことになるからです。

短期国債なら満期待ち（満期時に国債を国に返還し、現金を受け取る。日銀にある国の当座預金残高を減らす形を取る）という方法がありますが、長期国債は満期がかなり先ですから、満期待ちができません。保有高を減らすためには市中に売却しなくてはいけないのですが、理屈からいっても、暴落（＝長期金利が暴騰）した後でなければ、買い手が現れるはずがありません。詳細は後述しますが、私はかなりの危機感を覚えています。

日銀のバランスシートが大きくなるとインフレのリスクが増大

マネーとは「発行銀行券＋日銀当座預金」だと述べてきましたが、発行銀行券も日銀当座預金も、日銀の負債です。これが大きければ当然、日銀のB／Sは巨大化します（左頁の図参照）。

バランスシート（B／S）というくらいですから、「資産サイド」と「負債＋資本金サイド」はバランスを取らなければならないと考えると理解が早いでしょう。

この中央銀行のB／Sの大きさに関して、金融史が専門のハーバード大学のファーガソン教授が「1950～80年は中央銀行（中銀）の肥大化がインフレと深く関わっていた。1900年以降、主な中銀の資産規模はGDPのほぼ10～20％だが、現在のFRB、ECBやBOE

1998年と2016年の日銀B/Sを比べると……

日銀のB/S　1998年4月末

資産	(兆円)	負債	(兆円)
金	0.4	発行銀行券	49.6
国債	54.0	当座預金	4.0
その他		その他	
		引当金	2.7
		資本金	0.0001
		準備金	2.1
	80.0		80.0

日銀のB/S　2016年8月末現在

資産	(兆円)	負債	(兆円)
金	0.4	発行銀行券	96.4
国債	396.7	当座預金	303.5
(うち長期国債	339.5)	その他	
その他		引当金	4.4
		資本金	0.0001
		準備金	3.2
	453.0		453.0

出典：日本銀行ホームページより作成

（英国中央銀行）は約25％で歴史的に見て極めて高い水準にある」と警告をされています。**そこで日銀の資産規模の対GDP比を見てみると、1998年当時の15％から、今やなんと90％！の状態にまでなっているのです。**

２０１６年９月21日の金融政策決定会合で、日銀は「異次元の量的緩和を長期化する」と言っているのですから、この数字はさらに巨大化していきます。ファーガソン教授の警告が当たるか？　それとも日銀は資産規模を巨大化してもインフレを起こさずに、歴史をひっくり返せるのか？　注目です。私は当然、ファーガソン教授の説を信じます。

テニス仲間のAさんは、テニスに来るとき、いつも財布を持ってこない。家から持ってきた飲料水がなくなったからと言って160円を私から借りていった翌週、ハイパーインフレ時代の200億ジンバブエドル札で返してくれた。

先日、また160円を借りに来たので、財布を持たない理由を聞いたら、「お金なんて必要ならば刷ればいいんですから」と片目をつぶった。

Aさんは元日銀マン。私の財政ファイナンス（国の借金を中央銀行が紙幣を増刷することによって賄《まかな》っている）批判を熟知している方だ。

※日銀・植田和夫元審議委員の演説

日銀の植田和夫審議委員（当時・現東京大学大学院経済学研究科教授）が、2003年に日本金融学会で記念講演を行いました。

当時、日銀はゼロ金利政策や量的緩和を導入していましたが、植田先生はその理論的支柱となられた方です。ですから、私のような「量的緩和反対論者」とは異なる意見をお持ちのはずです。

その植田先生が「日銀が量的緩和を続行していくと、『中央銀行に対する信認の低下につながるリスクがある』という説（注／藤巻はこの説）がある。その一方、『このことによりデフレが克服されれば、日本銀行が会計上債務超過に陥っても、一時点での債務超過自体大した問題ではない』という説もある。こうした相対立する見方はどちらが正しいのだろうか」というお題を設けてお話をされたのです。

この講演は2003年と今から13年も前に行われたのですが、植田先生が主導されたこのときの量的緩和の規模は、今に比べてはるかに小規模なものです。2003年10月の貨幣量は、「発行銀行券70・6兆円＋当座預金残高29・8兆円」の計100・4兆円にすぎません。**現在（2016年8月末）は399・9兆円ですから、当時の4倍にもなっているのです。**

植田先生は貨幣量が今の4分の1でしかなかった時点（それでも私が現役のときに比べると2倍以上）で、「もしも何らかのメカニズムでデフレが終息した場合に、その後、適度なインフレ率に着地させるための金融調節の姿はどのようなものになるだろうか。（中略）現在の時点で、ある程度以上の正確さで、この点を予測するのは極めて難しい。ただし、そこそこのマネタリーベース（ベースマネー）水準の引き下げ、それに伴う国債売却による実現損を覚悟しなければならないかもしれない」と述べ、「ここからの国債購入が極めて大規模になった場合には、以上で議論したリスクが顕現化する可能性は高くなるわけである」と心配されているのです。

当時、日銀の長期国債の購入額は64兆円にすぎませんでした。かつ、私の記憶では3年国債までしか買っていなかったと思います。

ところが**今（2016年8月末）の日銀の長期国債保有高は、340兆円で当時の約5倍。しかも10年国債や30年国債をべらぼうな勢いで買っています。**まさに現在は、植田先生が13年前におっしゃった「ここからの国債購入が極めて大規模になった場合」に相当します。

植田先生の予想が正しいのなら、大きな弊害が発生するリスク（たとえば国債売却による実現損による日銀バランスシートの棄損）が顕在化する可能性があるということです。

※バーナンキFRB前議長の演説

バーナンキFRB前議長も、2003年に金融学会で「Some Thoughts on Monetary Policy in Japan」という題で講演をされました。

最近「ヘリコプターマネー」の議論が盛んですが、バーナンキFRB前議長は昔、「日本には、ヘリコプターマネーが有効だ」と提言されたこともあります。

彼は2003年の講演の中で、量的緩和政策が成功し、日本がインフレになったときに「日銀のB／Sが棄損することを、日銀幹部が心配していた」と述べています。また彼自身も同じ認識であることを認めています。「日銀のB／Sが、以前に比べて非常にリスキーになっている」ことを心配していたのです。

この講演も今から13年前のことです。現在、貨幣量は当時と比べて4倍になっています。デフレから脱却できたときのB／Sの棄損の懸念は、当時とは比較にならないほど大きくなっているはずです。日銀のB／Sは極めてリスキーになっているということです。

またバーナンキ氏は、この講演の中で「減税と日銀の国債購入」を勧めていました。彼の考えていた「ヘリコプターマネー」とは、この「日銀の国債購入」のことだと私は思っています。現在は貨幣量が当時の4倍、日銀の長期国債の保有額は5倍ですから、彼の考えていた「ヘリコプターマネー」は、もうすでに十分ばら撒かれていると私は思います。

だからこそ、2016年の来日で安倍首相に会った際には、**マーケットの期待に反して「ヘリコプターマネー」を提案しなかった**のだと思います。

またバーナンキ氏は講演の中で、「インフレのときは政府にNOと言える中央銀行が望ましい」が、「デフレのときは中央銀行と政府の共同作業が必要だ」と説いていました。

しかし、いつも「(共同作業が)一時的に」という言葉が入っていたのです。

「日銀が国債年間発行額の8割を買っている」という事実は、「中央銀行と政府の極めて緊密な共同作業」だと思います。この一時的のはずの「財政政策と金融政策の共同作業」が、貨幣量が4倍になった現在も続いていて大丈夫なのか？　という疑問を私は強く持つのです。

※「異次元の質的量的緩和」の「質的」の意味

黒田日銀は2013年4月より「異次元の質的量的緩和」で長期国債を爆買いし、長期金利を下げる努力をしました。

「質的量的緩和」の「質的」とは、**日銀が長期国債の購入まで手を伸ばした**ことです。

私が現役の頃、日銀は長期国債など買っていませんでした。将来、金融引き締めができなくなると思っていたからでしょう。

ただ日銀は、「成長通貨」という回収する必要のないお金を市場に供給する際にのみ、長期国債を購入していたのです。なぜなら経済が拡大すると、それに伴って貨幣が必要になります。経済規模に比べて貨幣量が不足すると、貨幣の価値が上がる。すなわちデフレになってしまいます。その不足分を補う意味で長期国債を購入して、成長通貨を市場に供給していたのです。

ですから日銀は、長期国債市場とは無縁だったのです。米国のビジネススクールで「中央銀行は短期金利のレベルを操作するが、長期金利はマーケットが決める」と習った通りだったのです。

ところが、異次元の量的緩和で日銀は、長期国債市場の唯一といってもいいほどの巨大な購入者となりました。しばらくの間、長期国債市場を牛耳ることができるのは当たり前です。まさに計画経済の世界です。そしてついには2016年9月21日の日銀金融政策決定会合で、「長期金利を0%に誘導する」という宣言までしてしまったのです。実際にやっていたことを追認するにすぎないのですが、「大丈夫かな、日銀?」と思ってしまいます。

「短期金利は中央銀行がコントロールし、長期国債はマーケットがコントロールする」という世界の金融の教科書に反する行為の宣言までしてしまったのです。

金融の教科書が正しいのか? それとも日銀が金融理論をひっくり返すのか? そこが見どころです。金融の理論のほうが正しいとなると、日銀、そして日本国民が受けるしっぺ返しはものすごいことになるでしょう。

そのしっぺ返しが怖いから、これまで中央銀行は長期国債など買っていなかったのです。今の日銀は無謀すぎると私は思います。

日銀が「長期金利を下げる」意味は何か

私は、長期金利を下げて何のメリットがあるのか、ずっと不思議に思っていました。単に「国の財政負担を軽くするためなのではないか?」と思っていたのです。景気対策と称して、国の財政を助け、国が資金繰り倒産するのを回避するのが目的だとしか思えないのです。

長期金利が影響する分野とはどこでしょう? 社債の発行レートには影響するでしょうから、企業は社債を低いレートで発行できます。これは企業にとってメリットでしょう。

しかし、より重要な銀行貸し出しに影響するのでしょうか? 長期金利が下がることにより、個人の住宅ローンの金利負担が減り、個人消費増につながるのでしょうか?

「住宅ローンは何十年単位で借りるのだから影響があるだろう」とおっしゃる方がいるかもしれません。しかし現在、多くの方は変動金利で借りています。

たとえば20年ローンといっても、変動金利であれば、6カ月ごとか1年ごとにレートが再設定されます。この再設定レートの基準は短期金利であって、長期金利ではありません。

メガバンクの貸出金は「1年以下+変動金利」が大半！

メガバンクの貸出金の残存期間別残高（2015年9月末）

	A行	B行	C行
1年以下の貸し出し	**38.3%**	15.6%	39.1%
1年超の貸し出し			
うち 変動金利	**50.1%**	75.0%	49.0%
固定金利	**11.6%**	9.4%	11.9%
計	100%	100%	100%

出典：ディスクロージャー誌における2015年中間期各行単体の数字

長期金利のレートで決まるのは、固定金利で借りている場合だけです。

参議院の財政金融委員会で、財務省に銀行貸し出しの変動金利型・固定金利型を分類してもらいました。個人向け、法人向けを合わせた数字です。

2015年9月末と約1年前の結果ではありますが、メガバンクでいえば、上の図の通りです。

見ていただくとおわかりかと思いますが、**1年以下の貸し出し**（当然短期金利に連動します）**と変動金利の残高のほうが断然多いのです。**メガバンクA行は、1年以下の貸し出しが38・3%、長期では変動金利型が50・1%で、固定金利型は11・6%にすぎません。

長期金利は、民間部門の経済活動への影響はあまりないのです。

子供が小さい頃、「藤巻家が豊かになるか貧乏になるかは、息子たちのお年玉の多寡によって決まるのではない。お父さんの給料が上がるか、下がるかによる」と言っていたのを思い出します。それと同じです。

民間にはあまり好影響を与えない日銀の長期国債の爆買い（＝長期金利引き下げ）によって、量的緩和の出口がなくなりました。副作用は甚大なのです。この辺は後述いたします。

一方、**長期金利の低下によって、国は大助かりです。国が発行する国債はほとんどが固定金利だからです。長期金利が低ければ、政府が支払う利息は少なくて済みます。**民間とは比べようもないほどの大きなメリットがあるのです。

メリットがある一方、ばら撒きが止まらなくなりました。いくら国債を発行しても、政府の懐《ふところ》はあまり痛まないからです。そして財政赤字は巨大化しました。

日銀が爆買いを開始するまでは、民間銀行が国債を買わざるを得ない環境を作り出していました。民間銀行は国債購入により長期固定の高い利息を受け取り、普通預金へ低いレートを払うことによって利ざやを稼いだのです。しかし、民間銀行が国債買いを加速させ、長短金利差が縮まり、利ざやが薄くなると、そのままのオペレーションでは利益が上がらなくなります。

利ざやが大きければ1単位の国債購入で十分な利益が出たのに、小さくなれば1単位では十分な利益が出ません。そこで民間銀行、特に貸出先が見つからない地方銀行等は、今まで以上の国債、たとえば3倍の国債を買わなくてはならないことになりました。

多くの金融機関の経営が悪化して公的資金が投入されたときは、監督官庁から「公的資金を投入した以上、きちんと収益を上げないと頭取の首が飛ぶぞ」とプレッシャーがかかりました。ですから民間銀行は、国債の大量買いをせざるを得ませんでした。

買えば買うほど長期金利は下がり、民間銀行の利ざやは薄くなるので、さらに多くの国債を買わざるを得ないという、民間にとっては苦しい、しかし国にとってはうれしい循環が始まったのです。

財政赤字で国債を大量発行しても、民間銀行に大量購入させて乗り切るという、国の政策（トリック？）には感心せざるを得ませんでした。

民間銀行の大量国債購入によって、財政は大助かりでした。しかし国債価格はあるべきレベルよりはるかに低く、財政赤字拡大に警報が鳴りませんでした。そのせいで国の借金は膨れ上がってしまったのです。

現在は長短金利差の縮小どころか、逆転現象まで起こっています。それに加えて、公的資金を返し終わったことで、監督官庁からのプレッシャーもなくなりました。

したがって民間銀行は現在、国債の売却を進めています。量的緩和からの出口時に国債の暴落（＝長期金利暴騰）を心配しての売却かもしれません。民間銀行が売却を進めている国債を日銀が買い取っている、というのが今の図式です。

この項の最初に述べたように、私は、「長期金利引き下げ」政策は、本当に日本のためになっているのか、疑問に思っているのです。やはり金融論の教える通りに、「中央銀行は短期金利を管理し、長期金利は市場が決める」のが正しい姿で、市場原理の働かない機関（日銀、旧大蔵省の資金運用部、郵便貯金等）を跋扈《ばっこ》させてはいけないのだと思っています。

なぜ今インフレになっていないのか？

「貨幣供給量が異常に増えているのはわかる。しかし、こんなにも貨幣供給量が増えているのに、なぜハイパーインフレになっていないのか？」という疑問を持たれる方も多いかと思います。それは現在のところ、資金が銀行に寝てしまっていて市中にしみ出していないからです。

ところで「マネタリーベース」とは、「発行銀行券＋日銀当座預金残高」（正確に言えば「発行銀行券＋日銀当座預金残高＋貨幣流通量」）のことですが、これは銀行間市場にある貨幣量の話です。

銀行間市場にあるマネーが市中にしみ出していき、世の中に出回っているマネーの量（マネーストック、昔はマネーサプライといった）**が増えたときに、ハイパーインフレになるのです。**説明しながら論を進めると、話がこんがらがってしまいますので、今まではマネタリーベースで話を進めてきました。お許しください。

市中に存在するお金、すなわちマネーストックは、現在それほどは伸びていません。といってもマネーストックの対GDP比は2008年以降、上昇傾向が強まり、過去のトレンドから大きく上振れしているのは事実です。現在のトレンドは、1980年から2000年までのトレンドを2割以上は上回っています。ただ「異常なほど」にはなっていないだけです。

今の状況は、経済学的には「信用乗数が低下している」と表現されます。「信用乗数」とは「マネーストック÷マネタリーベース」です。

信用乗数が上がればマネーストックは増え、ハイパーインフレに一直線です。「マネタリーベース」と「マネーストック」の連結器は「貸し出し」です。「貸し出し」によって信用創造が起こり、「マネーストック」は急増することになります。

マネタリーベースがこれだけ巨大なのですから、オリンピック等で貸し出しラッシュが起これば、マネーストックが巨大化し、ハイパーインフレまっしぐらだと思います。

もともと「異次元の量的緩和」を始めた理由は、「日銀当座預金が巨額になれば、お金が市中にしみ出していき、マネーストックが増える。したがってインフレになる」ということだったはずです。

それでは、なぜ「銀行間市場」から「市中」に資金が流れ出していないのか？

それは、**「円高で景気が悪く、企業の借り入れ意欲が低迷したままだから」**だと私は信じています。

「マイナス金利付き質的量的緩和政策」などとキャッチーな言葉をつけていますが、実は大部分の日銀当座預金には、いまだ＋0・1％の金利が支払われている。すなわち銀行にとっては、国債を買ったり融資をしたりするより、日銀当座預金に資金を置いておいたほうが儲かる（＋0・1％）のです。

すべての日銀当座預金をマイナス金利にすれば、銀行は、今は危なくて貸せない融資先への融資に踏み込んでいくでしょう。多少危ない融資でも、増やさなければ、収益を生むチャンスがなくなるからです。まさにバブル期と同じような過剰融資が始まると思います。

要はマネーストックが急増すれば、風雲急を告げるということです。マネーストック急増の気配があれば、日銀はその前に、銀行間市場にある資金の吸収をしなければなりません。

しかし、その方法がないのです。

今後の日米金利差の拡大により、円安／ドル高が始まったときが、まさにこの事態を憂慮しなければならないときだと私は思っています。

※東京オリンピックは日本経済にとっていいのか

前項で「東京オリンピックの準備で貸し出しが急増したらマネーストックが急増し、ハイパーインフレのリスクがある」と述べました。こう言うと、よく「藤巻は東京オリンピックは開催しないほうがいいと思っているのか？」「そんな経済事情でオリンピックは開催できるのか？」と聞かれます。

私は「オリンピックは開催されるだろうし、開催の意味もあるだろう」と考えています。それは、開催前にXデーが来ると思っているからです。その意味で、2020年のオリンピックは1964年のオリンピックと同じ意義を持つと思っているのです。

1964年のオリンピックが戦後からの復興を加速したように、**今度のオリンピックも、Xデーからの復興を加速させる役割を果たすと思うのです。**話が脱線いたしました。

景気がよくなっても金融緩和は自然に終了しない！

「景気がよくなると、日銀当座預金は減少する。したがって自然に金融緩和は終了する」と言う方がいます。つまり、「景気の上昇局面では、日銀が売りオペをやらなくても、自然に日銀当座預金は市中に回って減少していく。したがって自然に金融緩和は終了するから出口議論は必要ない」ということです。それは本当でしょうか？

結論から言えば、それは間違いです。

市中にお金がしみ出していけば日銀当座預金が減るかといえば、そうではありません。

たとえば、A銀行がB企業に1億円の融資をしたとします。A銀行は融資額をB企業の口座に1億円入金しますが、そのB企業の口座はA銀行にあるはずですから、A銀行の日銀当座預金残高は変わりません。

「A銀行は日銀当座預金から1億円おろしてB企業に貸す。B企業は当面そのお金をA銀行に預けるはずだから、A銀行はその預かった1億円を日銀当座預金に預ける」と考えると、わかりやすいかもしれません。

その後、B企業は工場を建て、その代金をC建設業者に支払ったとします。B企業はD銀行にあるC建設業者の口座に1億円振り込むわけです。こうなるとB企業の1億円はおろされるわけですから、A銀行も減った預金の1億円分を日銀当座預金からおろします。

しかし、その代わりにC建設業者から預かった1億円を、D銀行は日銀当座預金に預けます。

したがって「**日銀当座預金の合計残高は変わりなし**」となるのです。

第5章

マイナス金利政策はいいのか、悪いのか？

※マイナス金利政策を唱える私は奇人変人扱いだった

１９９７年11月28日発行の「時事解説」に以下の文章があります。「時事解説」とは時事通信社がプロの顧客用に配っていた小冊子です。窪園記者の記事です。

―耳を澄ませば「マイナス金利論」も聞こえてくる。「ゼロ金利怖くない」と〝時の人〟―「金融市場で〝時の人〟になった人物がいる。モルガン銀行（ＪＰモルガン）東京支店長の藤巻健史氏だ。同氏は長年、金利低下を唱え続けてきた。『長期金利は１・５％を目指す』が持論で、この春に長期金利が上昇した局面でも考えを曲げなかった。

その頑固な姿勢に『藤巻さんは宗教家みたいだ』（上位都銀資金運用担当者）と描写する向きもあったが、長期金利は誰もが予想しなかった世界最低１・８％をあっさり割り、ついに１・５％台に突入した。

同氏が意見を披露する手書きリポート『プロパガンダ』は市場でも注目され、ある日銀関係者は『ウチの内部でも読まれているよ』と耳打ちする。

藤巻氏は最近『(マイナス金利の世界も)せめて研究する必要がある』と訴え始めた。《マイナス金利》とは『銀行に預金すると利息の逆に金を取られる』ことで、『借金をすると金をくれる』世界だ。

『そんな馬鹿な』と思うだろうが、同氏の考えを『プロパガンダ』から引用しよう。

『――なぜ公定歩合のプラス０・５%がよくて、－《マイナス》０・５%がいけないのか。世間は資産デフレである。借りた金が何の収益も生まないなら、高級絵画と同じだ。絵画を買えば保管費や火災保険のコストがかかる。デフレの世の中で土地を買えば値下がりする。何千万円もの現金を家に置いておくと、泥棒や火事が怖い。銀行に預けた金の保管料・保険料を払う、即《すなわ》ちマイナス金利を払うのは正論だ。デフレに対処するには教科書的には金融緩和だ。マイナス金利の可能性を検討しておけば公定歩合ゼロは怖いことではない――』」

20年近くも前の記事です。ちょうどこの頃、日経新聞の某記者が私の支店長室にやってきました。1年ぶりのことでした。部屋に入るなり「お久しぶりです。1年前、マーケット予想の取材で訪問したとき、藤巻さんは『金利がさらに低下して2%を割る』とおっしゃっていました。これ以上の金利低下は１００％あり得ないと皆が思っていたときに、です。

私は『この人、頭がおかしい』と思って記事にもしませんでした。でも藤巻さん一人が正しかったですね。脱帽です」とおっしゃったのです。

予想するだけなら、いとも簡単です。しかし私は評論家ではなく、ディーラーでした。口で言うだけでなく、実際に長期金利低下にかける大勝負（債券先物の買い、債券先物コールオプションの買い、金利ＳＷＡＰでの固定金利の受けなど）をして、会社に多大なる利益をもたらして貢献していたのです。

このとき、私は将来、マイナス金利時代が来ることを予想するとともに、政策としてのマイナス金利政策導入を唱えていました。当時は「奇人変人」扱いをされていましたが。

その十数年後、ＥＣＢがマイナス金利政策を導入し、日銀までも導入するようになって、私はやっと「奇人変人」扱いから、「普通の人」に戻してもらえたのです。

モルガン銀行を辞めた1年半後に、2冊目の本を出した。そのときにマネックス証券の松本大《おおき》社長に帯に書く宣伝文を依頼した。送ってくださったメールには、「(帯の表側) 伝説のディーラーかく語りき。東京市場にフジマキあり」と「世界に名を轟《とどろ》かせたカリスマディーラーが、『冷や汗と涙』の日々を赤裸々に振り返る爆笑金融エッセイ」

「（帯の裏側）いくつか考えてみました。順不同です。お好きなのをお使い下さい。どれも気に入らない場合はどうしましょう……1．藤巻さんほど経歴と外見のギャップが大きい人を知りません　2．ザ・日本のオヤジ。なのに世界的トレーダー　偶然か矛盾か？　3．もっともオジン臭いオヤジにしてもっともアメリカで認められた人（絶交しないで下さいね）」
とあった。編集者はそれをそのまま帯の裏に印刷した。現役の頃のトレーダー・フジマキは「経歴と外見にえらくギャップがある、もっともオジン臭い日本のオヤジ」だったようだ。

※「マイナス金利」と「マイナス金利政策」の違い

「市中金利がマイナスになる」ことを「マイナス金利政策」と誤解する人がいますが、そうではありません。「市中金利がマイナスになった」のは単なる事象であって、「マイナス金利政策」とは違います。

「マイナス金利政策」とは、民間銀行が「日銀当座預金口座」に「残高を積むなら罰金を払いなさい」という政策です。**量的緩和では「日銀当座預金に残高を積めば＋０・１％をもらえた」のに、マイナス金利政策では逆に「残高を積めば罰金を払わされる」のです。**今までの常識とはかけ離れた政策であるので、導入までに時間がかかったのだと思います。

私は、三井信託銀行のロンドン支店勤務時代（1982～85年）に、スイスの中央銀行が、マイナス金利政策を取ったのを目の当たりにしました。1日だけの政策であり、日本のマスコミはどこも報道しませんでした。それどころかロンドンにいた日本人でも、気がついた人はほんの数人だったはずで、スイスフランを取り扱っていたプロだけが気がついたと思います。

私はロンドン支店で他の業務とともに、スイスフランの資金取引もしていたからこそ気がついたのです。

「目から鱗」とはこのことでした。「いずれ、多くの国でこの政策が取られることもあるだろう」と考えました。スイスフラン取引に参加していた人間の一人として実体験したゆえに、一般的には「常識はずれ」でも、「これはありうる政策だ」と強烈に思ったのです。

銀行は現金を多量に保管しているわけではない

世間の方が誤解していると思うことがあります。この誤解を解くと、「マイナス金利がより理解しやすくなる」と思うので、まずはそのことに触れましょう。

「銀行は、うなるほどお金（現金）を持っている」というのは誤解です。誤解しているから銀行強盗の映画が存在するのでしょうが、現実には銀行は、現金などそんなに多くは保有していないのです。

私が入行した邦銀の支店は、現金を数百万円しか保有していなかったと記憶しています。毎日、多額の現金がおろされますが、その一方、多額の入金もあります。**銀行はその差額と多少のバッファー分の現金を保有しているだけです。**利益を生まない現金など余分に保有する理由はありませんし、多額に保有すれば、それこそ銀行強盗が怖くなります。

多額の現金の「引き出し予告」があったときは、日銀の支店や日銀の代理店になっている銀行（千葉なら千葉銀行本店）からおろして現金を用意しましたし、支店に現金がたまりすぎれば、日銀の代理店に預けに行きました。現金を日銀当座預金口座からおろしたり、入金したりするのを頻繁に行っていたのです。

皆さんが民間銀行を利用するように、民間銀行は日銀当座預金をよく利用しているのです。ですから民間銀行は、最小限の現金しか保有していません。

「インフレにするには、日銀がヘリコプターで紙幣をばら撒けばよい」とか、「日銀は国債購入のために紙幣を刷りまくり、国に引き渡している」という表現は、理解のためのたとえであり、量的緩和とは実質的には「民間銀行の日銀当座預金が増える」ことです。これは前に説明した通りです。

私がマイナス金利政策（日銀に置いてある民間銀行の当座預金の残高に罰金をかける＝金利を払わせる）を説明すると、「そんなことをすると銀行は日銀当座預金に資金を置かず、現金で保有してしまうだけではないか」とよく言われます。ある財務省ＯＢの偉い方からもそう言われてびっくりしたことがあります。この方は実務を知らない、と。

たしかにそういう現象は多少は起こると思います。しかし、それには限度があるのです。銀行がすべてを現金で保有したら、支店中が現金で埋まってしまいますし、現金を数えるだけでも大変です。第一、それだけの現金紙幣は世の中に存在していません。それに備えるとなると、印刷局の輪転機がオーバーヒートしてしまうでしょう。

民間金融機関は、預かったお金は融資に回すか、他行に貸すか、国債購入などの運用に回すか、または日銀当座預金口座に預けるしか選択肢はないのです。

これまで述べたように、全部を現金で保有することなどできないからです。融資に回せず、他行にも貸せず、国債も買わないとなれば、日銀当座預金に置かざるを得ません。だからこそマイナス金利政策が成立するのです。

父の葬式のとき、受付はＪＰモルガンの人間と弟が勤めていた伊勢丹の方にお願いした。葬儀社の方が最後に「モルガンさんはお香典の計算がすごく速くて、ぴったり合うが、デパートさんはなかなか合いませんでした。さすが銀行さんですね」と言っていた。

これこそ常識の罠《わな》である。ＪＰモルガンは銀行といっても卸売業であり、業務として現ナマに触ったことがある人は皆無である。ＪＰモルガンに泥棒が入っても、盗むべき現金はほとんどない。帳簿上、日銀の口座に資金があるだけだ。一方、デパートは毎日現金を扱っている。現金の取り扱いに関しては、モルガンがシロウトで、デパートがプロなのだ。

マイナス金利で効果を出すための秘策

現在、日銀はマイナス金利政策を採用してはいますが、預金金利はマイナスにしないという前提で政策を行っているようです。

しかし「マイナス金利政策」を完結させるためには、預金金利もマイナスにしなければなりません。「預金者いじめだ」とおっしゃるかもしれませんが、**ある一定期間マイナス預金金利に耐えれば、景気は回復し、好景気になり預金金利もプラスになるのです。**いつまでもデフレが続き不景気が続くより、よほどいいと私は思います。「嫌だ、嫌だ」では何も始まりません。

預金金利までマイナスにすれば、「マイナス金利政策」は完結し、極めて大きな効果を発揮します。現状を見て「マイナス金利政策は効かないのではないか？」とおっしゃる方がよくいるのですが、「－《マイナス》0・1％が効かない」のであって「－《マイナス》10％は効く」に決まっています。

企業に貸したほうが銀行が得する仕組み

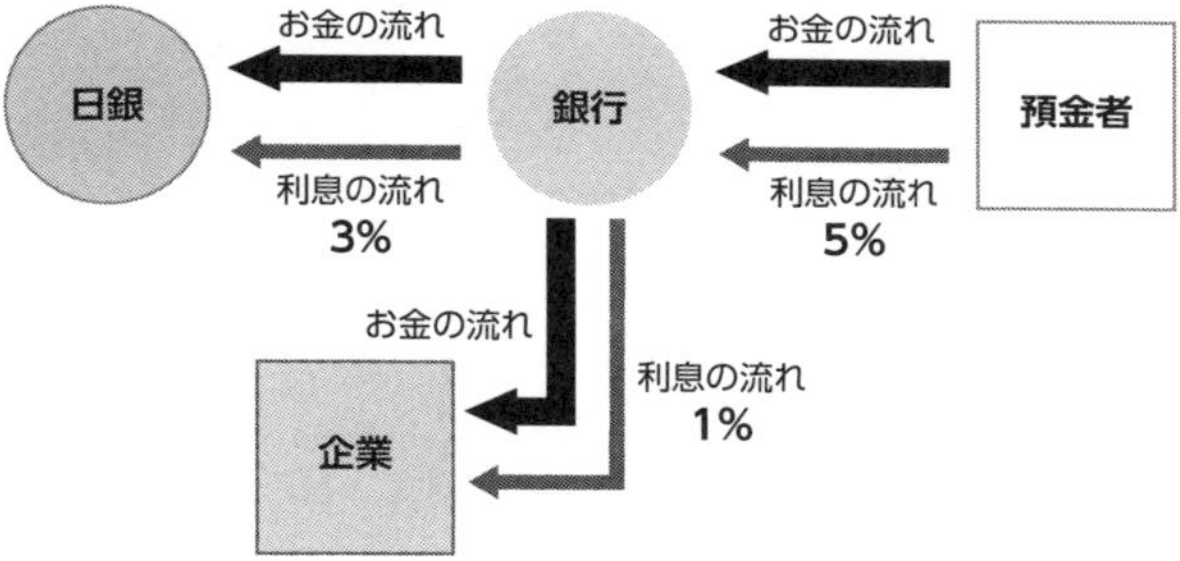

マイナス金利政策下では、民間金融機関は「日銀の当座預金に置いておけば、大きな罰金を払わされる」ので、預金者に対し、「金利を差し上げるから銀行からお金を借りてちょうだいね」となります。

もちろん融資の際のマイナス金利幅は、日銀当座預金へのマイナス幅よりは小さくなります。

たとえば日銀当座預金へのペナルティーが－《マイナス》3％なら、融資は－《マイナス》1％です。融資を受ける側は「借りれば金利を（今までのように払うのではなく）もらえる」のですから、借りる意欲も高まります。

預金金利が－《マイナス》5％ならば、銀行は預金者から5％の金利をもらいます。そのお金を日銀当座預金に置けば3％払わなければならず、2％の利ざやしかありません。しかし、その預金を融資に回せば、1％払うだけで済む。すなわち4％の利ざやが稼げることになるのです（上の図参照）。

だから銀行はたとえ融資の金利がマイナスであっても、

日銀当座預金のマイナスよりかはましなので、どんどん融資をするようになるはずです。預金者は円預金なら5％の金利を払わされますが、ドル預金なら金利をもらえます。そこでドル預金を指向するようになるでしょう。

こうして円安／ドル高が進み、経済回復、デフレ脱却にもなるのです。

日銀ＯＢたちと酒を飲みながら話すと、マイナス金利政策に関しては、必ず「現金コスト」のことが問題になります。「現金を保有するコスト（送金ができない・泥棒や火事にあう）以上のマイナス金利だと、個人は銀行預金をせずに現金で保管する。したがってある一定以上は、マイナス幅を大きくできない」という議論です。

しかし私は「個人は、株式投資に回したり、（マイナス金利の）円預金ではなく、（プラス金利の）ドル預金をするようになるので、タンス預金はそれほどは増えない」と思っています。ですからマイナス金利政策は、いくらでも深掘りできる政策だと思うのです。

また「マイナス金利は税金のようなもので、私有財産の剥奪だ」という声も聞くのですが、「ドル預金などマイナス金利を逃れる方法が存在する」ので、「税金のような強制的な話ではない」と私は思います。

※マイナス金利が効く仕組みとは

マイナス金利政策は、効果も副作用もすでに経験、実証されている伝統的金融政策の延長線上にあります。ですから経験からいっても、効くに決まっています。「家を建てるために銀行から融資を受けると、毎年、銀行から金利を1％もらえる」（住宅減税と同じです）のですから、家を建てようという人、融資を受けようという人が増えて、市場にお金が回り始めます。

また円安／ドル高が進むのは、最大のメリットです。これこそが最大の景気対策です。

日経新聞の英ファイナンシャルタイムズ記事「マイナス金利の限界」にも、「（マイナス金利政策は）その代わり、為替レートには大きく影響する」と載っていたことがありました。**マイナス金利が為替に効くことを、ファイナンシャルタイムズも認めているわけです。**

私が15年近く前の2002年1月に出版した『一ドル二〇〇円で日本経済の夜は明ける』（講談社・現在絶版）の中に「劇的に円安を進める過激な提案」という章がありますが、そこには以下のように書きました。

「数年前、『マイナス金利論』をぶちあげたら、笑い飛ばされて終わってしまった。（中略）このような世界になれば、円をドルに換えようという人も急増する。ドル預金をすれば利息が入ってくるのに対し、円預金をすれば利息を取られてしまうからである。日米の金利差は今と変わらなくても、『もらう人から払う人への変化』は人々の心理状況を激変させるだろう」

2016年5月の仙台でのG7で「（景気対策としての）自国の通貨切り下げ競争はしな

い」との合意がありました。どの国も自国通貨切り下げが「景気対策になる」と思うからこそ、この合意ができたはずです。**日本人は、円安の景気に対する効用を軽視しすぎです。**モルガン銀行勤務時代、私の「景気対策には円安が一番」論は、外国人には圧倒的に支持されていました。

残念ながら、他国が日本のように景気が悪くなってから日本が円安政策を打とうとしても、遅いのです。仙台でのG7で「(景気対策としての)自国通貨切り下げ競争はしない」との合意ができてしまったのが、その証拠です。

この20年間、日本経済だけが世界に取り残されてきたのですから、20年前に「マイナス金利政策」で「円安誘導」をしても、他国からは文句がでなかったはずです。もっと早くに「マイナス金利政策」を行っていれば、今頃ドル/円は200円で日本経済は大回復、財政政策に頼る必要もなく、財政状況もよかったはずだと思うと、私は悔しくてならないのです。

マイナス金利政策は高級絵画を倉庫に預けて保管料を払うのと同じ

これまでの説明を読んでもなお「預金金利がマイナスになるのは不合理だ」と思われる方は、「高級絵画」を思い浮かべてください。高級絵画を家に置いておくと泥棒が怖い。怖いので警備が強固な倉庫に預ける。当然、保管料を払います。マイナス金利政策はそれと同じです。

今、世の中はデフレです。デフレでは1万円札でたくさんのモノが買える。1万円札は貴重なのです。お金は貴重なのです。貴重なものを倉庫に預ければ、当然、保管料を取られる。それと同じことです。

私のブログの読者から「9・11のテロを見て、金と金貨を早々に買い込みました。ところが、3倍以上に値上がりした金と金貨は、自宅に侵入した泥棒に全部盗まれてしまいました」というメールを頂いたことがあります。

貴重品を自宅に置いておくことを危険と思うなら、保管料を払ってくださいね、ということです。

また「〝負の所得税（還付）〟があるのだから、〝負の金利〟があってもいいのではないか?」ということもいえます。税金は、てっきり払うものだと思っていたら、払ってもいないのに返ってくることもあります。それと同じです。

※「マイナス金利政策」は伝統的な金融政策だ

マイナス金利政策は、「預ければ金利を取られる」という、常識に反する政策のように思えるので、日銀も導入に躊躇したのでしょう。

しかし、私に言わせれば常識的な政策で、その効果は学問上、そして実務上も検証されているのです。ましてや副作用もあまりない、「伝統的な金融政策」なのです。
「景気が悪くなれば金利を引き下げ、景気が過熱すれば金利を引き上げる」のが伝統的金融政策ですが、まさにその延長上にあります。ただ下げた先がマイナスだったというだけです。数直線は0で断絶しているわけではありません。なぜ+0・001%がよくて、−《マイナス》0・001%が悪いのでしょう？

今後、さらに景気が悪くなれば、−《マイナス》0・1%を−《マイナス》0・3%、−《マイナス》1%、−《マイナス》3%と深掘りすればいいだけですし、景気がよくなれば−《マイナス》3%、−《マイナス》1%、−《マイナス》0・3%、−《マイナス》0・1%、+0・1%、+1%と上げていけばいいだけなのです。

一方の「量的緩和」のほうは、学問的にも実務的にも効果が検証されていません。それに最大の問題は、出口がないことです。これは後でたっぷりお話しいたします。

ところで「マイナス金利政策のせいで銀行経営がうまくいかない」という批判をよく聞きますが、とんでもありません。銀行経営の問題がでて、銀行株が下がり、株式市場に悪影響を与えたのは、「マイナス金利政策」のせいではなく、「異次元の質的量的緩和」のせいです。

非難されるべきは「異次元の質的量的緩和」の導入で、「マイナス金利政策」ではありません。この辺は後ほど本章で詳しく述べます。マイナス金利政策は相変わらず、極めて強力で効果のある政策です。くどいようですが、−《マイナス》0・1%が効いていないだけで、−《マイナス》10%は効くのです。

※「異次元の質的量的緩和」と「マイナス金利政策」は真逆の政策

「異次元の質的量的緩和」政策とは、「日銀当座預金を極大化すれば、お金が銀行間市場から市中に流れでていくだろう」という発想に基づくものです。ですから、その発想からして、日銀当座預金残高の「極大化政策」なのです。

一方、マイナス金利政策とは、「日銀当座預金残高にペナルティーをかける。すなわち大きな残高を持つと、ペナルティーを科される」のですから、日銀当座預金残高の「極小化政策」です。**したがって、この2つの政策は180度異なります。**

しかし、これも後で述べますが、元の規模に戻す方法がありません。**したがって、なんとも**「マイナス金利政策」を採用するのならば、本来「異次元の質的量的緩和」で極大化した日銀当座預金残高を元の規模に直し、それから極小化させるのが筋です。

よくわからない仕組みを作り上げたのが、最近の黒田総裁なのです。

9月21日の金融政策決定会合ではさらにもう、何が何だかわからない政策を打ち出しました。もう滅茶苦茶です。黒田総裁は「マイナス金利付き質的量的緩和」などという、これまたわけのわからない言葉を作り出して、世間を煙に巻いていますが、こんなに矛盾した政策に〝偉そうな名前〟をつけるなんて、「何やってんだか?」という感想を私は持ちます。

なぜマイナス金利政策が不評なのか

前々項で少し触れましたが、マイナス金利政策は今現在、世間的には不評のようです。しかし、本来景気対策に非常に有効な政策なのに、残念です。

問題は、導入前に「異次元の質的量的緩和」をしてしまったことです。マイナス金利政策自体がまずいのではなく、ゼロ金利の後、すぐにマイナス金利政策を導入せず、「異次元の質的量的緩和」という余計なことをやってしまったことが敗因なのです。

銀行の利益は、短期で調達したものを長期で運用することによって得る部分が大きいのです。たとえば2年の融資の原資には6カ月の資金を充て、満期が来るたびに借り換えていく方法を取ります。通常、長期金利のほうが短期金利より高いからです。この場合、長短金利差が大きければ大きいほど、収益が上がります。

米国では1970年代後半に、S&L危機という金融危機がありました。その際、FRBは長短金利差を拡大する政策を取り、危機を乗り切ったのです。

預金金利が0%でも長期金利が十分高ければ、銀行は利ざやを確保できるのですが、黒田総裁は「異次元の質的量的緩和」開始以降、長期国債を爆買いしました。

長期国債を爆買いすれば、その価格は上昇（＝長期金利は低下）します。したがって、長短金利差がなくなってしまったのです。そのうえでマイナス金利政策を導入してしまったのです。長短金利差は縮小どころか、逆転してしまいました。

これではマイナス金利のさらなる深掘りは、金融システムリスクを発生させるかもしれませんし、銀行株の下落は株式市場の足を引っ張るかもしれないのです。

効果がでないのは、ひとえに、長期国債を爆買いして長短金利差を縮小させたうえで、マイナス金利政策を導入したという政策ミスのせいです。この点でも「異次元の質的量的緩和」政策は罪が深いと私は思うのです。

第6章

「異次元の量的緩和」は「日銀の国債引き受け」そのもの

※日銀がやっていることは「国債引き受け」である

黒田総裁が始めた「異次元の質的量的緩和」とは、うまい表現だとは思いますが、「財政ファイナンス（政府の資金繰りを中央銀行が紙幣を刷ることによって賄う）」そのものです。財政法第五条で禁止されている「日銀の国債引き受け」とほぼ同じです。

麻生太郎財務大臣は、参議院財政委員会での私の質問に対して、「デフレを脱却するための目標として行っているのだから、財政ファイナンスではない」「政府は（国債を）入札でマーケットに売っているのだから、引き受け（＝政府が国債を直接日銀に売ること）ではない」と回答されました。

しかし「財政ファイナンスか否か」は、目的ではなく、事実や行動で決まるはずです。

戦費調達のためであろうと、デフレ脱却のためであろうと、社会保障費調達のためであろうと、政府の赤字を中央銀行が紙幣増刷で補助すれば、それは財政ファイナンスです。

今年度は約150兆円の国債が発行されますが、そのうち120兆円を日銀が買うのです。お金を、間接的とはいえ、政府に渡すということです。これを財政ファイナンスといわずに何というのでしょうか？　私の友人で金融業界にいる外国人は、「フルサイズの財政ファイナンスじゃないか」と言っています。

政府は直接的に日銀に国債を売って資金調達をするわけではなく、入札で民間金融機関に国債を売っているわけですが、日銀は入札直後の国債を、民間金融機関から買い集めています。そして**民間金融機関は、日銀に転売する目的で入札に参加している**と言われています。これは実質的に、「財政ファイナンスそのもの」です。政府が必要とするたびに、紙幣を刷っているからです。

財政ファイナンスを行えば、必ずやハイパーインフレが来るのは歴史が証明しています。

私が三井信託銀行（当時）ロンドン支店で債券ディーラーをしていた1980年代前半、邦銀はユーロ円債（外国で発行される円建て債券）を「発行した日に買ってはいけない」という政府の指導・規制が存在した。邦銀が海外で発行された円債をすぐに買うと、「国内外の敷居がなくなる」と政府が危惧したからだ。ところが市場占有率を競い合っていた我々邦銀の債券ディーラーは、「3日後に××円で買う」などの口約束をして、発行日に外国銀行に一時購入してもらっていた。「done（決め）」の一言を発した以上、約束を反故《ほご》にしたら、この世界にいられなくなるギルドのような世界である。契約書はないから、転売が確約されていても、政府に見つかる恐怖はなかった。

見かけはともかく、実質的に「邦銀が発行日にユーロ円債を購入していた」わけで、この規制はザルだったのだ。外国銀行も薄利ではあるものの、手数料が確実に入るので満足していた。

この話を今なぜ、ここに書いたかというと「時効だろうから」、そして「指導・規制の意味が当時から理解できなかったから」ということとともに「今、政府と日銀がグルになって同じようなインチキ（＝財政ファイナンス）をやっている」からだ。

その昔、あるパーティーで、当時電通に勤めていた小学校から高校までの同級生シノ君と、国土交通省のお役人と3人で歓談した。そのとき、妙齢の女性が会話の輪に入ってきて言った。

「私、インフラとインフレの区別がつかないんです」

シノ君、即座に国交省のお役人を指さして「この人がインフラ」、そして私を指さして「この人がインフレ」とのたまった。さすが電通、うまいキャッチコピーを作るな～と感心した。

たしかに、橋や道路などの社会基盤（＝インフラ）を作るのが国交省のお役人。一方、私は当時から「円安にして物価を上げて、インフレにするのが日本経済再建の道だ」と口から泡を飛ばして主張していたインフレ論者だったのだ。もっとも私が待望していたのは穏やかなインフレであり、ものすごいインフレ、すなわちハイパーインフレではない。

「ヘリマネ論」は「異次元の量的緩和」そのもの

２０１６年の7月21日、「黒田東彦日銀総裁が英ＢＢＣ放送で『ヘリコプターマネー（ヘリマネ）』の導入を否定した」というニュースが流れた途端、ドル／円は、１０７円台から１０５円台半ばまで下落しました。

ヘリマネ政策の主唱者の一人だったバーナンキＦＲＢ前議長や以前ヘリマネを主張したことのあるクルーグマン博士が、安倍晋三首相と会談したため、「ヘリマネ」という言葉が新聞紙上をにぎわしていました。

そこで記者が「ヘリマネ」について聞き、黒田総裁が導入を否定したので、市場が過剰に反応したのだと思います。

このヘリマネ論争、今回、最初に火をつけたのは、英金融サービス機構（ＦＳＡ）元長官のアデア・ターナー氏だと理解していますが、「ヘリマネ」という言葉自体は、経済学者ミルトン・フリードマン先生が最初に使ったものです。

「ヘリコプターで空から紙幣をばら撒くがごとく、紙幣をばら撒けば、デフレから脱却できる」という説です。毎日、天からお金が降ってくれば、誰もお金に価値を見出さなくなります。そんなお金ではモノを買えなくなるから、モノの値段が上がる。すなわちインフレになるという説です。

「ヘリマネ」の定義は、発言者によって微妙に違っているのですが、黒田総裁が英BBC放送で発言したときは「現行の法制度のもとでは実施できない」と述べていることからして、彼は「国債引き受け」を念頭に置いていると思われます。「国債引き受け」は現在、財政法第五条で禁止されているので「現行の法制度のもとでは実施できない」という言葉と符合しているのです。

なお、財政法第五条は、過去にハイパーインフレを経験した人たちが、二度と「ハイパーインフレを起こすまい」と考えて作った先人の知恵です。

「紙幣をばら撒く」という表現が使われていますが、それは理解をたやすくするためであり、注意をしなければならないことは、「紙幣には日銀当座預金残高も含む」という点です。すでに何度も述べている通りです。ですから「マネタリーベース残高（日銀発行券＋日銀当座預金残高)」こそがヘリコプターマネーによって影響を受ける「ヘリマネ残高」そのものなのです。その残高は、この20年で約8倍(8月末で約400兆円)にもなっています。

政府は今年度、約150兆円の国債を、入札により市中の金融機関に売り出す予定です。一方、日銀は金融機関から120兆円分の国債を買い取ります。市中販売額の8割という異常な額です。この事実は、すでに何回も書いています。何回も書けば、みなさんの頭の中に刷り込まれると思いますが、このことが将来の禍根《かこん》となって現れるはずです。

財政に関するニュースがでたら、ぜひこの本のことを思い出してください。そして「市場の8割を買っている人間が退場したら、その市場はどうなるのか?」も自問してみてください。

金融機関は、日銀への転売で利ざやを稼ぐために、入札に参加しているといわれていて、「日銀トレード」と称されています。「市場にワンタッチさせての日銀引き受け」そのものです。今、日銀がやっていることは実質、ヘリマネ散布そのものなのです。サッカーでいえば直接ゴールを狙う「直接フリーキック」か、一度他のメンバーにワンタッチさせてからゴールを狙う「間接フリーキック」か、の違いにすぎないのです。ゴールはゴールです。

「日本は5年以内にヘリコプターマネー導入を余儀なくされる」などと述べているアデア・ターナー氏は「日銀がすでに国債発行残高の8割も購入している」事実を知らないだけだと思います。知っていたら、こんな発言をするわけがありません。

それ以前に、1998年10月30日発行の日経金融新聞（日本経済新聞社発行の業界紙・今は休刊）の「複眼独眼」に「インフレ策こそ必要」というタイトルで以下の記事が載っています。

「米MITのクルーグマン教授は、日本経済を救うには、『日銀が新しく紙幣を刷ってヘリコプターから撒けばよい』という。（中略）これは、言い換えればインフレ政策である。エコノミストの間で、インフレ悪玉論がいまだ根強いのは百も承知している。しかし、ほかに日本経済を回復させ、ひいては世界恐慌を防止する手段があるのだろうか？　もしなければインフレ政策は必要悪である。インフレ政策に対する反対論は『まだ日本経済は劇薬を必要とするほど悪くはない』という誤った判断をしているのではないか？」

当時は、インフレとは「悪魔の言葉」であり、「インフレ待望論を吐くのは国賊《こくぞく》」だったわけですから、このような記事を書く人は奇人変人扱いでした。この記事を書いた奇人変人は、何を隠そう、実は、私なのです。

最近では「ヘリマネ政策は、ハイパーインフレを引き起こす最悪の政策だ」と反対論の先頭に立っております。私のブログや過去の本を読まれた方は「藤巻は年がら年中、同じことを言っている頑固おやじだ」と思われている方が多いかと思いますが、そうではないのです。私も少しは成長しています（笑い）。

昔、テレビに出演したとき、事前にいくつか提出した写真のうちからヘリコプターの前に立っているものが紹介用に採用された。
しかし、家に帰ってビデオを見て驚いた。「ヘリコプターで世界を飛び回るフジマキさん」という字幕紹介が入っていたのだ。「よせやい。あれはフランスの富豪の持ち物だ。それにヘリコプターで世界中を飛び回っていたら、燃料切れで墜落。今頃、太平洋のモクズだわい」

第7章

政府と日銀のバランスシートを統合するとわかること

※アデア・ターナー氏による財政再建の処方箋

アデア・ターナー氏の財政再建の処方箋は、「日銀が保有する大量の国債を、政府への無利子・無期限の預け金に切り替える」というものです。国債は「有利子・有期限」です。国は、発生した利子を保有者（日銀）に支払わないといけませんし、期限が来たら元本も返さないといけません。これが無利子・無期限となると、利子を払わなくていいし、期限がないので、元本の返済も不要です。一言で言うと「返さなくていい」ことになります。

「国債による大量の借金が帳消しになり、財政再建の道が開かれる。通常の財政支出の選択肢も増えるうえ、消費者の将来不安も高まらない」と主張しているのです。

しかし私は、「この方、わかっちゃいないな」と思いました。机上の学問しかしたことのない方なのかもしれません。日本人は、外国政府の主要部署で働いている外国人と聞くと、「金融のプロ」と思い込んでしまう方が多いようですが、外資に勤め、いろいろな外国人と議論した私には、「そうではない」と言い切れる経験が多々あります。

たしかに「日銀が保有する大量の国債を、政府への無利子・無期限の預け金に切り替え」れば、財政は助かります。しかし、日銀はどうなるのでしょうか？　異次元の量的緩和をした以上、伝統的手法では金利を上げられません。日銀にある当座預金の金利（最近－《マイナス》０・１％にしたやつです）を上げていくしか方法はないはずです。

ＦＲＢもその方法を考えていますし、他の方法を提唱している人を私は知りません。

利上げ時は日銀の支払金利が膨れ上がっていくのに、収入を得られるはずの保有国債が無利子になってしまえば、日銀は損の垂れ流しとなってしまいます。まさに日銀倒産の危機です。

それなら、その損の穴埋めに政府が資本補填すればいいではないか？　と思われるかもしれません。**しかし、政府は毎年赤字です。お金はありません。それどころか巨額の累積赤字です。**

「その投入資金は、またまた日銀のヘリマネで補え」と主張されるのでしょうか。何それ？という話になってしまいます。

また無期限の預け金（日銀の資産サイド）にすると、元本が返済されないので、どんなに景気がよくなっても、日銀は資産を縮小できません（税収増分＝預け金の減少くらいはできるかもしれません）。満期待ちもできなければ、市中への売却もできない（詳細は後で述べます）からです。**それは日銀の負債サイドである、ばら撒いた貨幣を吸収できないことを意味します。**

政府と日銀のバランスシート(B/S)を合体すると……

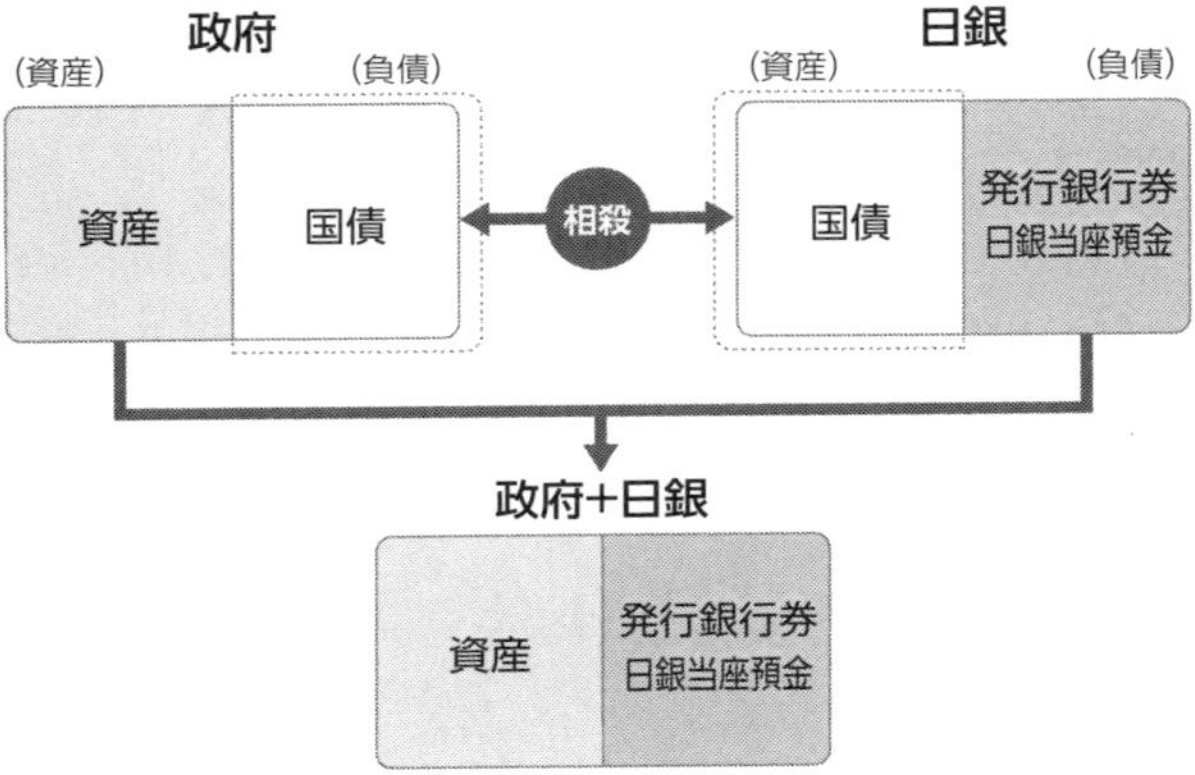

そうなればハイパーインフレ一直線です。

アデア・ターナー氏のような考え方をする方には、「政府と中央銀行は合体させて考えなくてはいけない」ことを強調したいと思います。

※政府と日銀の統合バランスシートとは

政府+日銀統合バランスシート(B/S、上の図参照)で考えれば、日銀の債務(発行銀行券、日銀当座預金)を、統合B/S上でも債務として考える必要がでてくることがおわかりかと思います。合体後の統合バランスシート上では国債は相殺されますが、政府のB/S上の債務の「国債」が、統合B/Sでは「発行銀行券」「日銀当座預金」という債務に置き換わるだけなのです。

したがって、これまで日銀が一手に引き受けてきた金利リスクが、政府・中央銀行の統合主体の金利リスクに切り替わるだけという話です。「日銀の金融政策が行き詰まっているのなら、政府が政府紙幣を発行すればいいのではないか？」という説が盛り上がりかけたことがあります。いわゆる政府紙幣です。

しかしこの主張も、この統合B／Sで考えれば、**「日銀が供給する銀行券」であろうが、「政府が発行する政府紙幣」だろうが、「異次元の質的量的緩和」の補完には全くならない**ことがおわかりかと思います。

債務の短期化は金融界の常識に反する行為

麻生財務大臣は２０１６年８月２日、40年国債の増発を検討すると発表しました。市場で広がっていた50年国債導入説は否定しましたが、現在最長の40年国債を増発するというわけです。新聞記事によると「金融政策による超低金利を生かす狙いがある」そうです。ここまでは、いたって当然の行為です。

皆さんが住宅ローンを借りるときのことを考えてください。金利が今後上昇すると思えば、長期の固定金利で借りますよね。今は１年物金利のほうが、（たとえば）１％と低いからと短期で借りたとして、次の１年間が２％、その次の１年間は３％と短期金利が上昇していったら、たまったものではないからです。

国も同じで、今後金利が上昇すると考えれば、長期の固定金利の国債を発行し、資金を確保するのが正しい判断なのです。

しかし今回も、この40年国債を日銀が即、購入することになりそうです。日銀が買ってしまったら、何にもなりません。106頁で見た政府と日銀の統合B／Sで再度考えてみましょう。日銀がこの40年国債を購入すると、政府がせっかく40年という長い期間で超低金利の資金を調達したのに、**日銀が「日銀当座預金や発行銀行券」という超短期資金に切り替えてしまう**ことになるのです。これでは**「金融政策による超低金利を生かす」狙いが踏みにじられてしまう**だけです。日銀は政府のせっかくの努力を無駄にしていることになるのです。

第8章

今の低金利は異常事態！

※1979〜1980年は超高金利時代だった

私が三井信託銀行（当時）でトレーダーになったのは1980年ですが、その頃の米国の政策金利（Fed Fund rate〈FFレート〉／無担保、1日間の銀行間レート）は20％近辺だった記憶があります。米国の公定歩合は14％で、日本の公定歩合は9％でした。

1979年10月、当時のボルカーFRB議長が、金融調節の操作目標を従来のFFレートからreserve（FRB当座預金残高のこと。日本の日銀当座預金残高に相当）重視に切り替えるとアナウンスし、その結果を受けてのFFレートの急騰でした（その後、重視するreserveの内容もどんどん変わりました）。

当時、米国のインフレ率は10％台を記録。FRBはインフレ抑制の姿勢を強めていましたが、政治的には2桁台の金利に対する抵抗が強く、FRBは苦悩していました。

そこで持ち出されたのがreserveターゲットで、いわば「自分たちは量のコントロールに注力する、金利は市場が決めるもの」と表明したわけです。ボルカーの“Saturday Night Special”といわれています。

ボルカーは頭がいいですね。これで政治的に中央銀行が高金利を責められることがなくなったのです。**ボルカーのアナウンスは、政治的な目を他に背けさせるための「賢い便法」だったわけです。その結果、金利の上昇が放置され、インフレは急速に鈍化していったのです。**

その後かなりたって、米国も操作目標を再びＦＦレートに戻しました。

当時、ドル資金を取引していたトレーダーは、血みどろだった。

米銀では薄利にもかかわらず、Ｂ／Ｓの規模を膨らませてしまう取引は、「資金の無駄だ」と禁止されていた。Ｂ／Ｓを薄利のために膨らませると、総資本利益率（ＲＯＡ／利益÷資産残高）が低くなるからだ。総資本利益率が低い企業は、資金効率が悪いと見なされ、株の売り原因になってしまう。

しかし邦銀にはそのような考え方はなく、何はともあれ利益額を積み上げろということで、薄利を狙っての取引も盛んだった。

当時の三井信託銀行の資金トレーダーは、たとえば「金融市場で１年間、金利10％で資金をＡ銀行に貸し出す。思惑通り金利が下がってきたら、１年間のお金を９％でＢ銀行から借りて

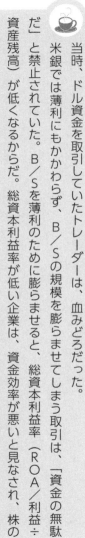

きて1年間、1%の利ざやを確保する」というような取引をしていた。

1979年、80年当時の資金トレーダーは「もうこれ以上、金利は上がらないだろう」と大量の資金を貸し出す。しかし、思惑がはずれ金利が上がってしまう。それなら貸し出しの平均コストを上げようと、その高くなったレートでさらに貸し出す。しかし思惑に反して、金利はさらに上がり、損が膨れ上がり血みどろになっていたのである。1980年代の高金利時代の話になると、いつもそのことを思い出す。


私の好きな塩野七生の作品の一つ『コンスタンティノープルの陥落』(新潮文庫)の35頁に次の一節がある。現状、異常な低金利が常態化しているが、私は、いつも次の言葉をかみしめている。

「ビザンチン帝国に関しては、非常事態が常態と化してしまったと言ってよい。しかし、他人の身を預かるモノの最も心しなければならないことは、慣れからくる判断の誤りである。常態と化した非常事態も、いつなんどき真の非常事態に変わるかもしれないのだから、それへの対応策も考えておかねばならないと言うことだ」

「今の低金利は異常」という認識が大切

前項で述べた1980年の米国の政策金利20%というのは、たしかに異常事態でした。現在、活躍されている若いディーラーの方など想像もつかない世界だと思います。

しかし、**今のマイナス金利やゼロ金利も異常事態**なのです。現在、我々は異常なる低金利期にいるという認識が必要でしょう。

1998年のロシア危機のときのロシアの金利急騰も、個人的には思い出深いものです。当時、世界で最大のヘッジファンド、タイガーファンドのジュリアン・ロバートソン氏が「大やられ」したといわれています。私もロシア危機の際、為替で大やられしたので、よく覚えているのです。

ロシアの金利は、たしか80%から100%近くまで上昇しました。長期金利はインフレ予想が上昇すれば上がりますが、国の倒産確率が上がっても、上昇します。

このときの金利急騰は、後者の理由です。

もっとも、あのときの新聞の見出しは「ロシア通貨切り下げ インフレ懸念」でしたから、インフレ要因も、多少は長期金利を押し上げたかもしれません。しかし主因は、国家の倒産懸念です。こう考えてみると、現在の世界の金利はいたって低いことがおわかりかと思います。

今は日常ではない。非日常なのです。

私が大学を卒業した1974年の日本は未曽有の低金利時代といわれていました。本当はその2年前の1972年の金利が一番低かったと思いますが、1974年も公定歩合は4・25%とまだ十分低かったのです。現在、公定歩合はアナウンスメント効果しかありませんが、0・3%です。公定歩合4・25%時代を「未曽有の低金利時代」と呼ぶなら、今の時代を何と呼ぶのでしょうか。「未、未、未、未、未曽有の低金利時代」でしょうか？

また日本国債先物市場では、架空の「6%、10年満期の国債」を取引しています。この架空の国債を、実存する国債で決済するときは、国債ごとに公表されている換算レートで支払／受取金額を計算し、決済します。

その架空の国債のクーポンレートがなぜ6%かというと、先物市場が創設された1985年当時の10年国債の常識的なレートが6%だったからです。景気がよければ、たとえば7%、悪ければ5%ということで、平均が6%だったからです。

その10年国債の利回りが今夏、－《マイナス》0・3%を記録したのです。

隔世の感がするとはいえ、何度も繰り返しますが、今は日常なのではなく、非日常なのです。今は異常期だ、という認識が必要でしょう。**もしアベノミクスが成功して、景気がよくなるのなら、金利が4～5%上がるのも決して想定外ではない**、という認識が必要です。

第9章

識者も財政破綻を警告している

※日本の財政はかつてないほどのリスクを抱えている

私は1990年代の後半から「日本の財政は危険だ」と警告を発しています。すると、そのたびに「藤巻は世の中を煽《あお》っているだけだ」と批判されました。しかし最近では著名な経済学者やマスコミも私の意見に同調するなど危機感を共有してくださる人が増えてきたと思います。

政治の世界ではまだ少数意見ですが、金融界、経済界、マスコミの間では、危機説のほうが主流になってきたのではないか、と思っています。「大丈夫、大丈夫」と楽観論を振りまき、財政をここまで悪化させてきた主張はまずいと私は思うのです。

温泉宿を決める際、家内のアヤコが電話で「おたくの温泉は源泉〝かけ〟流しですか？」と聞いた。すると、オーナーと思われるおばあちゃんは「はぁ～？ あ、はい、うちは源泉〝たれ〟流しです」と。アヤコは電話口で笑いをこらえるのに必死だった。でも素朴な感じがして、この宿に決めた。我々は源泉が〝たれ〟流しだろうが〝かけ〟流しだろうが、循環湯でない温泉が大好きなのだ。日本も国債をたれ流していると私は思う。こちらは大嫌い。

東大の吉川洋教授の「危ない危ないと言いながら日本は財政破綻していないから、財政危機論はオオカミ少年だと言う人がいる。重病のときに『まだ死んでいないじゃないか。だから大丈夫』というのと同じで愚かな議論だ」という日経新聞（2016年4月5日付け「日曜に考える」）に載っていたコメントを秘書たちの前で読んで聞かせたら、秘書のアベ嬢が言った。「議員の次の本のタイトルは決まりましたね。『オオカミ少年、また吠える』」

いや、違う、私は、もうお爺さん。「オオカミ爺さん、また吠える」だ。

竹中平蔵氏と吉川洋氏の警告

2016年8月7日の日経新聞の「特集――日本国債（1）闘論、吉川洋氏、竹中平蔵氏」の中で、元東京大学経済学部長・経済財政諮問会議民間議員・財政制度等審議会会長の吉川洋先生は「これまではなんとかもちこたえてきたが、今後は……という感じでしょう。財政破綻がいつ来るかははっきり言えません。しかし、ギリシャなどの経験に照らすと、ひとたび危機が訪れれば、数日で金利が急騰します」とおっしゃっています。
そしてこの対談の聞き手だった奥村茂三郎日経新聞経済部次長は以下のように記事を締めています。〈お2人が日本の財政の現状について「『余命何年』というくらいの危機意識」（竹中氏）、「日本経済の最大のリスク」（吉川氏）との認識で共鳴した事実は重い〉
この記述をかみしめるべきだと私は思います。

吉川洋先生とは1978年に、イェール大学の学食で夜食を共にしたことがある。私がノースウエスタン大学院に留学する前の3カ月間、イェール大学附属の語学学校に通っていたときのことである。陽気な米国人の輪に入ることができず、私は一人淋しく学食の片隅でしょぼくれて夜食をとっていた。そのとき、やはりしょぼくれた貧乏学生風の日本人が隣に座った。「日本人でいらっしゃいますか？」と声をかけてきたその相手が、まさに吉川先生だったのだ。
そのときは奥様が一時日本に帰国中だったために、お一人で食事をとられていたそうだ。奥様がニューヘイブンに帰ってこられてから自宅に招待していただいた。驚いた。あの洋服など全く気にしないしょぼくれた風貌の先生からは想像できないほどの超美人の奥様だったのだ

（ミス雙葉《ふたば》、ミス駿台予備校と言われていたと、後で他の方から聞いた）。そして奥様は四谷の雙葉では、叔母（故・水野千恵子）の教え子だったことも判明した。

私は、帰国してから叔母に「吉川先生、洋服など全く興味なくて、学問に人生のすべてをかけていらっしゃるみたいで、すごい先生だったよ。あの先生、将来絶対大成するね」と生意気なことを言ったら、叔母いわく「でも、競争相手もたくさんいただろうに、あのすごい美人の奥さんを獲得したのは、彼だからね」。

学問を究めるほど情熱的な方は、他のことでも極めるものらしい。

※「日銀は大本営発表を続けている」

朝日新聞の原真人編集委員（元日経新聞記者）が2016年の7月5日、朝日新聞「波聞風問」に「財政インパール作戦」と書いています。

記事中にある「複数の経済専門家」の一人はきっと私です。

「（異次元の量的緩和政策に関して）この現状を第2次大戦時の旧日本軍になぞらえ、『ついにインパール作戦に踏み込んだ』と指摘する声を複数の経済専門家から聞いた。苦し紛れだと批判を浴びている日銀の今の姿とたしかに重なる。当時、大本営は国威発揚のため楽観的な見通しばかり発表し、作戦の失敗を国民に明らかにしなかった。いまの日銀もまた目標実現や緩和効果について根拠の乏しい楽観的な大本営発表を続けている」

「一方、黒田氏は異次元緩和が直面している厳しい現実を正直に語っていない。日銀の国債買い支えが安倍政権の財政規律を失わせ、消費増税の延期や過剰な財政出動を生む土壌になっていることにも口をつぐんでいる」

残念ながら、「異次元の量的緩和」をいったんスタートさせた以上、日銀は後戻りできません。**ここでやめると国債大暴落、国債入札不調で、国家のお財布が半分空になってしまうからです。**国や日銀自身は「引くに引けない状況に追い込まれてしまった」と感じているのではないでしょうか？　まさにインパール作戦です。

だからといって「さらに南進して敵国に攻め込もう」（＝さらなる財政出動、さらなる異次元の量的緩和）という作戦は、被害を拡大させるだけだと私は思います。

※「リスクのツケはいずれ国民に回る」

原真人編集委員は、4月12日の「波聞風問」にも「アベノミクスの岐路　『とりあえず現状維持』の怖さ」というタイトルで、私の持つ危機感に触れてくださっています。

「アベノミクスが失速しているという見方が広がってきた。政策をさらに強めるのか、軌道修正か。ここは大きな岐路である。国会でも、安保法制のように大きな争点にすべきだと思うのだが、論戦は盛り上がりに欠ける。

藤巻健史参議院議員は、安倍晋三首相や黒田東彦日銀総裁にこの問題を問い続けている。外資系で『伝説のディーラー』と呼ばれ、著名投資家ジョージ・ソロス氏のチームにいたことがある市場のプロだ。その目には、財政出動や日銀の異次元緩和が国民の潜在的負担をとてつもなく膨らませている、と映る。（中略）

蓄積するリスクのツケは、いずれ国民に回る。だから、政権や当局にはそんな刹那主義に陥ってもらっては困る。

とはいえ、少しでも景気が悪くなれば景気対策を求め、大胆な金融緩和を歓迎し、消費増税の延期を喜んできたのも、私達国民なのだ。

それがかえって未来を危うくするのなら、まず私たち自身が『求めること』をやめなければならない。そうでないと、破局シナリオは本当に止められなくなる」

原編集委員のおっしゃるように、「求める」のをやめることは大変だ。しかし、「求める」ことも大変だ。嫁さんをもらうときは緊張する。モルガン銀行時代、岐阜県出身の朴訥としたスポーツマンを採用したことがある。英語は全くうまくなかった。その彼が「米国に行くので休みが欲しい」という。理由を聞くと「米国人のお嬢さんと結婚するので、お父さんにあいさつに行く」というのだ。お父さんは米国陸軍の退役軍人だそうだ。

そこで聞いた。「行くのはいいが、『娘さんをください』ってなんと言うんだ？『Give me』じゃ、チョコレートしかくれないぞ」

※「長期金利の急騰確率は8割」

日銀で経済政策の責任者を務められてきた早川英男元日本銀行理事（現富士通総研エグゼクティブ・フェロー）も警告を発せられています。日銀内で「極めて頭がよく、有能な人」という評価だった方です。

２０１５年7月のロイター通信によると、早川さんは「政府の財政再建を前提に日銀が進める量的・質的緩和（ＱＱＥ）は、長期金利の急騰や急激な円安を招く失敗に陥る確率が８割に高まった」「消費者物価指数の上昇率が2％の目標を達成した時点で、債券市場が日本の財政の持続可能性を信じていなければ、**日銀が国債買い入れを止める際に金利が急騰する。買い入れを継続しても円安とインフレのスパイラルになる**」と警告されています。さらには「日本でもギリシャのような『資本規制』（銀行からの預金引き出し制限、海外送金禁止）を余儀なくされる可能性がある」とも述べられています。

日銀OBの方は、とかく古巣に気を使って公式には本音を吐かないものですが、勇気ある発言だと思います。発言しなくてはならない状況にまで追い込まれていると思われているのではないでしょうか。

「最後は必ずインフレになって破綻する」

野口悠紀雄氏（一橋大学名誉教授・旧大蔵省出身、現早稲田大学ファイナンス総合研究所顧問）も「日本は財政支出を中央銀行の紙幣増刷で賄う『ヘリコプターマネー』にすでに手を染めており、世界最悪の公的債務を高インフレで解決する可能性が高い」「（ヘリコプターマネーに手を染めれば）必ず最後はインフレになって破綻している。日銀による巨額の国債買い入れに『出口がなければ、日本がそうなる可能性は非常に高い』」と述べていらっしゃいます（2016年5月27日、ブルームバーグニュース）。

※デイビッド・ルーベンシュタイン元大統領副補佐官の警告

米カーター政権で国内政策担当の大統領副補佐官を務め、カーライル・グループの共同創業者の一人であるデイビッド・ルーベンシュタイン氏も、世界中の国々の借金積み上げに警鐘を鳴らしています。彼は業界を代表する米金融マンの一人です。

2016年6月8日の日経新聞のインタビュー記事の中で、「世界経済で最大のリスクは何でしょうか?」との記者からの質問に対し、彼は「世界中で政府が借金を積み上げている。金利上昇局面に入れば、政府の利払い負担への懸念が広がりかねない」と答えているのです。

私は完璧に彼の意見に同意いたします。

※「大幅な円安で日本国民の資産は目減りする」

慶應義塾大学の小林慶一郎教授が、日経新聞の「経済教室」で、2015年6月2日と2016年10月17日に、次のように述べています。

「このまま日本の財政悪化を放置すれば、将来のいずれかの時点で物価の大幅な上昇によって国債の価値が下がる、というかたちで実質的な債務不履行が発生せざるを得ない。通貨の信認も失われ、大幅な円安で日本国民の資産は目減りし、インフレ率や金利は激しく変動し、国民生活は混乱するだろう。市場の信認を回復するため政府は歳出の厳しい削減を余儀なくされ、社会保障制度を大幅に縮小せざるをえなくなる。信用が損なわれた日本政府は借り入れ困難が恒常化し、統治機能が劣化して、経済成長率も長期間にわたり低迷するだろう」

「一方、一つの世代（現在世代）が自己犠牲的な精神を発揮して、増税と社会保障支出の削減によって財政を健全化するならば、将来の日本の経済社会は安定し、これから先の何世代もの人々の生活は改善する。つまり、現在世代が犠牲を払えば、将来の何世代もの人々が利益を受ける」

「一方、そのような政治的価値が大多数の人々に共有されていなければ、適切なタイミングで十分な規模の財政再建は実行できない。その結果、もし財政の破綻的な調整が起きれば、その国は全体として長期的に衰退する可能性がある。日本の財政問題が指し示しているのは、現代の民主制国家すべてが抱えるこの内在的な欠陥である」（２０１５年６月２日）

「周知のとおり、日本の政府債務は加速度的に累増しており、いまやＧＤＰの２５０％とされる（国際通貨基金＝ＩＭＦ推計）。政府の債務は、国民から支払う税収で返済されるのだから、われわれ国民の借金である。

政府債務は国民１人当たり１０００万円弱。４人家族なら４０００万円の借金をいつのまにか背負わされているという計算になる。この借金をいつどういうかたちで返せと言われるか分からない、という状況に日本国民は置かれているのである。

増税、歳出カット、高インフレ、のいずれかは避けられないのだが、どれがいつどのような形でやってくるか分からない。しかも、債務が年々増えているので、それらが実現したときに予想される生活の『痛み』は年々大きくなる。これでは、いくら日銀が旗を振って『さあいま消費を増やせ』と言っても、国民はこわくて消費できない」（２０１６年10月17日）

第10章

日本の財政は世界的にもこんなに悪い！

EUのメンバーだったら日本は無期懲役

２０１６年7月13日の日経新聞に「ＥＵ、スペイン・ポルトガルの財政ルール違反認定、制裁検討」という記事が載っていました。「欧州連合（ＥＵ）は12日、スペインとポルトガルがＥＵの財政ルールに違反したと正式認定し、罰金など具体的な制裁の検討に入る」という内容です。ＥＵの財政ルールでは「単年度の財政赤字が国内総生産（ＧＤＰ）の３％を超え、是正処置が不十分な場合」には、最大でＧＤＰの０・２％の罰金を科せるのです。

この基準を日本にあてはめてみましょう。今、日本のＧＤＰは約５００兆円。したがって単年度赤字が15兆円を超えれば、１兆円の罰金となります。

今年度の日本の財政赤字は予算段階で34兆円ですから、15兆円どころではありません。日本がもしＥＵに入っていたら、罰金刑どころではすみません。無期懲役でしょう。それもバブル崩壊以降、毎年の大赤字ですから、無期懲役の何乗かになるでしょう。

また１９９２年に調印された「ユーロに参加するため」のマーストリヒト条約では、「政府債務の対ＧＤＰ比60％以内」という加盟条件がつきました。この条件を日本にあてはめると、日本は累積赤字をいくらに抑えなければならないのでしょうか？

ＧＤＰ５００兆円の60％ですから、３００兆円です。今、日本の累積赤字は１０５３兆円（２０１６年６月末）。ＥＵ加盟を日本が申請したとしたら、「顔を洗って、おととい来い」と言われるのがオチでしょう。

ところで罰金などの制裁を受けたポルトガルの財政赤字は、対ＧＤＰ比４・４％、スペインは同５・１％です。日本は６・８％。ギリシャの７・２％とほぼ同レベルなのです。

第２次世界大戦後に日本とともにハイパーインフレを経験したドイツの財政（２０１５年）の対ＧＤＰ比は、０・７％の〝黒字〟です。

ドイツの取っている経済政策は、緊縮財政と通貨安（ユーロが国力に比べて安い）です。放漫財政と通貨高の日本の経済政策とは真逆です。

これが今日のドイツの成功と、日本の不振の差の原因だと私は思っています。

※ギリシャと日本の財政はどちらがマシか

２０１５年、財政破綻懸念で世界中が大騒ぎしたギリシャの公的債務は、対ＧＤＰ比で１７

7％です。対GDP比債務残高はユーロ加盟国の上限値が「マーストリヒト条約で60％と決まっている」とは前項で述べましたが、ギリシャは2022年までに110％まで下げる約束だったのに、現状は177％なのです。そこで大きな問題となりました。

とはいえ、**日本は211％。ギリシャは日本よりははるかにマシなのです。いや、日本があまりにも悪すぎるといったほうが適切です。**

そのギリシャですが、2015年の危機の際、IMF等の債権者団から「財政再建目標」を要求されました。ギリシャ側が最終的に飲んだものの一つは、「プライマリーバランス（PB／基礎的財政収支）の黒字幅を2015年に国内総生産（GDP）の1％にする」ということでした。ギリシャは当初0・7％までならなんとかするとごねていましたが、結局1％の〝黒〟字で落ち着きました。2018年には黒字幅が3・5％に設定されています。

一方、日本は「2020年度までにプライマリーバランスを黒字化する」と国際公約したにもかかわらず、2016年7月の内閣府の「中長期の経済財政に関する試算」では「楽観シナリオ」（名目3％、実質2％）を前提にしても、5・5兆円の赤字です。黒字どころではありません。頭を抱えてしまう数字だと思います。

※日本の財政はいずれ限界が来る

前項で見た通り、2015年に大騒ぎしたギリシャの財政は日本よりまだマシです。それなのに2015年は世界中が「ギリシャは財政破綻だ」と大騒ぎしたのです。なぜでしょうか？

それはギリシャの中央銀行は、ギリシャ政府を助けられないからです。ユーロを刷れるのは、ECBだけです。ギリシャ中央銀行は、勝手にユーロを刷るわけにはいきません。

ですから政府が資金繰り倒産しそうになっても、中央銀行は紙幣を刷って（国債と交換するために）政府に提供することができないのです。

企業でも同じですが、倒産は通常、バランスシート上の債務超過で起こるわけではなく、資金繰り困難で起こります。明日払うべき給料が払えない、返済予定の元利金が払えないなど、資金繰りが行き詰まって倒産するのです。

EU諸国は、ギリシャに限らず、資金繰り倒産しそうだからといって、自国の中央銀行がユーロを刷ることができません。だからこそ、厳しい財政規律があるのだと思います。

一方、日本では政府にお金がなくなれば、日銀が印刷機をフル回転させて紙幣を刷り、政府に貸すことができます（注／くどいようですが、ここでは「紙幣を刷る」と表現していますが、それはわかりやすくするための私なりの表現で、実際は日銀当座預金を積み上げています）。

足りない資金を政府に渡せば、事足ります。**日本では今、実質的にそれが行われています。**実質的な財政ファイナンス（政府の赤字を中央銀行の貨幣発行により補う）をすることで財政危機状態をごまかしているのです。

ギリシャは今までも、ギリシャ中央銀行から借金ができなかったので、それなりに歳出をカットしてきました。しかし日本は、日銀が打ち出の小槌《こづち》で新しい紙幣を刷りまくっていますから、政府は資金繰り倒産など恐れず、無尽蔵に歳出を重ねているのです。

しかしながら「中央銀行が紙幣を刷り政府を助ければ、その国の財政は大丈夫」であり、「刷らなければ危機に直面する」とはおかしな話です。**それが正しいのならば、税金徴収など必要なくなりますし、EUに加盟する国などなくなるでしょう。**

要は、**「政府が必要とするたびに紙幣を刷る」政策は無理筋で、いずれ限界が来る**ということです。中央銀行が紙幣を刷り続ければ、いずれはお金の価値がなくなるからです。ハイパーインフレ到来で、国民は塗炭《とたん》の苦しみを味わいます。

財政破綻とハイパーインフレは同義語です。高層ビルの高層階で火事にあったときに「飛び降りて死ぬ」か「焼死する」かの違いにすぎないのです。

日銀が今のような国債購入（異次元の質的量的緩和）を中止するときは、中央銀行が政府を助けないということです。日本がギリシャと同じ状態になるということです。

その時期はいつか？

消費者物価指数の上昇率が、2％で安定的になるときです。そのときどうなるかの詳細は後述いたします。

※日本はギリシャから学ぶべき

ギリシャは日本の将来を占う意味でもよい例なので、ギリシャ問題に少し触れておきましょう。すぐにとは思いませんが、いずれギリシャがユーロを離脱する可能性は十分にあると、私は考えています。

観光立国ギリシャが財政再建を果たすためには、独・仏からの観光客を増やし、景気を回復させることが第一歩ですが、それには2つの方法が考えられます。

一つはホテル代を（たとえば）2分の1と安くする方法。しかしこれはデフレ政策であり、デフレで景気が回復した例などないことを考えると、現実的ではありません。

もう一つは通貨の価値を（たとえば）2分の1にすることですが、これはユーロを放棄し、昔のドラクマに戻さないと、できない話です。ドラクマが2分の1になれば、ドラクマ建てのホテル代金が変わらなくても、独仏の観光客にとってのユーロ建て負担は半分になります。ユーロの購買力が上がるからです。これによって独仏の観光客をギリシャに呼び込む算段です。

円安進行で、アジアからの訪日客が急増したのと同じ理屈です。

通常、財政状況が深刻になった国は、自国通貨を安くして事態の収拾を図るのが定石なのです。

ギリシャがユーロを使用している限り、この施策は取れません。ユーロ圏からの観光客を呼び入れようとしても、同じユーロを使っていれば、滞在費はちっとも安くはならないからです。ですからギリシャは、通貨安を利用するためにユーロを放棄する可能性があると私は思うのです。

同じ地域で同一通貨を使っているということは、為替の損がないという点で固定相場制と同じです。私がユーロの創設以来、「ユーロは固定相場制の壮大なる実験」と称し、絶えず警戒のスタンスでいたのは、これらの理由によるのです。

もっともギリシャがユーロ放棄を選択すれば、万事がうまくいくという保証はありません。大変な苦労をする可能性もありますし、私はその可能性のほうが高いと思っています。

もし、放棄を自発的に決定するか、他国から余儀なくされた場合、旧通貨であるドラクマの印刷には何週間もかかると思います。**おそらく、それまでギリシャの資本統制**（銀行からの引き出し制限、海外送金禁止）**が続くでしょう。**年金等は政府証券みたいなもので支払われるかもしれません。そしてドラクマが刷り上がった段階で、ユーロからドラクマへの切り替えが行われると思います。

ユーロに対し、ドラクマがいくらで交換されるかはわかりません。しかし暫定的に政府が決めるレートが「ドンピシャリだった」となることは、まずないのです。切り替え当日、為替市場ではドラクマがユーロに対して、公定レートよりかなり切り下がった状態でスタートする可能性もあります。

その後もドラクマが安くなり続けると、食品、医療品などギリシャが輸入しているモノは急騰し、手に入らなくなってしまいます。つまり、**ハイパーインフレ時代の到来で、ギリシャ国民は塗炭の苦しみを味わうことになります。**こういう可能性も大いにあるのです。

要は、通貨が暴落すれば、ハイパーインフレが起きるということです。危機が再度起きた場合、さらなる財政緊縮を受け入れるのか、はたまたEUを離脱し、その結果のドラクマの急落でギリシャ国民は塗炭の苦しみを味わう、しかし最終的には、ドラクマの暴落で経済が急回復するのか、今のところ判断できません。

EU諸国はギリシャ離脱によるユーロ安の恩恵を受けるので、経済にとっては中長期的にいいだろうと思いますが、ユーロは構造的な問題を抱えているため、長き将来にわたって存続し続けるとは、相変わらず私は思っていないのです。

「結婚は判断力の欠如、離婚は忍耐力の欠如、再婚は記憶力の欠如」と友人のキムラ博士が分析していた。

第1次ギリシャ危機のとき、モルガン銀行時代の仲間のギリシャ人と「ギリシャ政府の取りうる政策」について議論した。私は「ＥＵ離脱」を予想した。ただ現ギリシャ政権とも仲のよい彼は、このアイディアに対して「タケシ、不幸な結婚であっても離婚は難しい」と反応した。

彼の予想は「債務不履行説」だった。この他の解決策としてギリシャの島を日本政府が買うのはどうだ？「ソ連が米国にアラスカを売却した」前例もある。そうなりゃ、日本人はヨーロッパ人！だ。なんか、かっこいい響き～（?）。

財政を警戒する米国、能天気な日本

米連邦議会の中立機関である米議会予算局（ＣＢＯ）は、２０１６年会計年度（２０１５年10月～16年9月）の財政赤字が５４４０億ドル（約55兆円）と、5年ぶりに増加する見通しを公表しています。赤字額の対ＧＤＰ比は、前年度に比べて０・４ポイント悪化して、２・９％になるそうです。

さらに今後の10年を見ると、社会保障費の増大によって、赤字額が２・５倍にもなってしまうとの試算を示しています。米国は自国の財政リスクに大いに警鐘を鳴らしているのです。議会多数派の野党・共和党は、一段の歳出拡大に反対姿勢を強めています。

こう聞くと、米国の財政は大変だな、と思われるかもしれません。

しかし日本の財政赤字は、今年度予算ベースで34兆円、対GDP比は6・8%です。日本のほうがはるかに悲惨な財政状況です。それなのに、米国からは、はるかに強い自国財政への警戒心が感じ取れます。日本がいかに能天気かということでしょう。

日本は「世界に冠たる国民皆保険」を自慢していますが、米国共和党はオバマ大統領が導入した「国民皆医療保険制度」に反対しています。財政危機リスクへの懸念のせいです。

議会予算局は10年間の中期見通しの中で、**社会保障制度を見直さなければ、2026年度の財政赤字は1兆3660億ドルに拡大する**と指摘しました。

低所得者向けの公的医療保険など社会保障費が膨らんでおり「財政危機に陥る可能性が高まり、金利急騰などのリスクがある」と言っているのです。国民皆保険を自慢しながら、消費税は先進国の中で最も低いこの国（日本）は財政を心配しなくていいのか、と心配になりませんか？　私はえらく心配です。

第11章

崩壊しつつある日本経済

※「日本人しか国債を持っていないから財政は破綻しない」は本当か

2016年8月14日の日経新聞1面「日本国債⑤」の記事は、終戦直後の様子をよくまとめてあります。

「敗戦を告げる玉音放送の半年後。1946年2月16日夕刻の渋沢敬三蔵相によるラジオ放送で国民は『国家財政の敗戦』を知らされる。『預金の支払い制限　世帯主300円』『新日銀券を発行』――。後の日本経済新聞、『日本産業新聞』は翌日付でこう論じている」

「同書（注／カーメン・ラインハート、ケネス・ロゴフ『国家は破綻する』〈日経BP〉）によると45年のインフレ率は568・1%。政府は国民の財産を吸い上げ、インフレで債務の実質価値を目減りさせて、戦時国債で借りたお金をなんとか返した。

70年後の日本。ネット上には『発行残高1000兆円の国債は政府の債務で国民は1000

1890年度以降の政府債務残高の名目GDP等に対する比率の推移

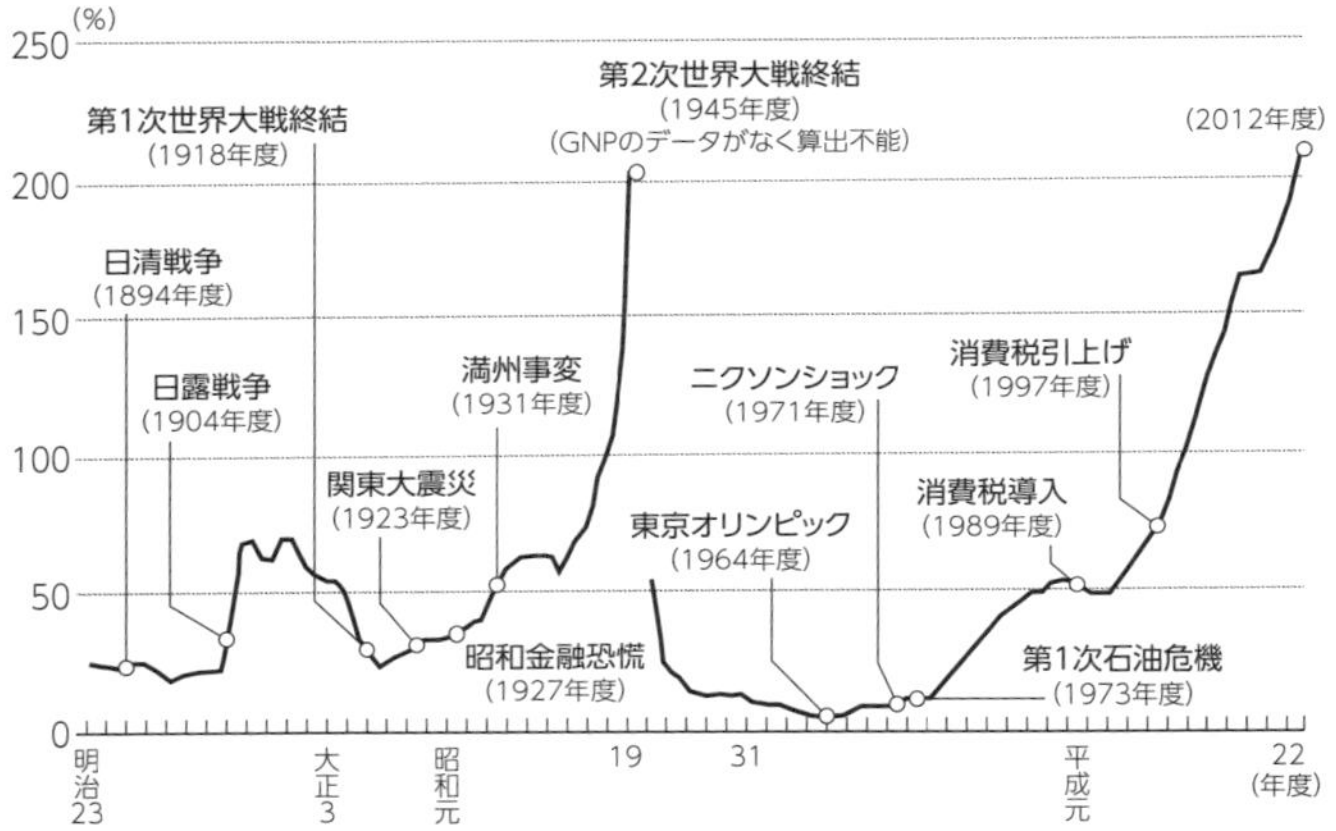

出典：財務省

兆円の債権者』『国債のほとんどは国内で消化しているから財政破綻には至らない』といった言説があふれる。戦時国債もほぼ国内で消化され、国民は債権者だったが紙くず同然になってしまった」

「見た目の輝きは同じでも改鋳による通貨の劣化と背後にある財政難は必ず見抜かれてインフレを招いた。遠い昔の話と笑えるか。『国家は破綻する』の原題は『今回は違う』。過ちはいつもこの言葉の後に繰り返す。『財政と金融の一体化が進むアベノミクスは違う』のだろうか」

この記事で特に重要なことは2つあります。一つは**現在の政府債務残高の対国内総生産（GDP）比率は、終戦直後並みに悪**

いということ（前頁の図参照）。当時は戦費のせいで借金が増えましたが、**今は社会保障費のせい**です。原因はともあれ、状況が悪いという事実に変わりはありません。

また、「日本政府は日本人からしか借金をしていないのだから、財政破綻など起こるわけがない」という識者がいますが、これも違うというのが2つ目です。

戦時国債も100%日本人が保有していたと思いますが、戦後、ハイパーインフレで紙切れになりました。「日本政府は日本人からしか借金をしていないから、財政は問題がない」という議論は何の意味もないのです。財政破綻は起こらないかもしれませんが、ハイパーインフレが起これば、元も子もなくなります。

3年前の8月17日、愛犬クーが最愛のアヤコの腕の中で逝った。アヤコは最大限の看病をしてくれたと思う。私がクーの立場だったら、これほどまで看病してくれるのだろうか？と、ふと疑問に思ったほどの愛情の注ぎ方だった。クーはまさにフジマキ家の家族の一員だった。生前も看病されているときも、クーはフジマキ家にもらわれてきて最高に幸せだったと思う。ただちょっと短すぎる11歳2カ月の命だった。安らかに眠ってください。淋しくなるけれど。

クーの火葬は厳かだった。お坊さんに読経してもらうなか、長男けんたの焼香の最中にお坊さんの読経が止まった。

「すみませんが、焼香のゴマは種火の上に置いてください」

焼香の最中にお坊さんに注意された人を見たのは、生を受けて63年で初めての経験だった。けんたはゴマを種火の周辺にばら撒いていたのだ。クーはいろいろなことを我々に教えてくれたが、これはけんたに対する最後の教育だった。

しかし28年間の人生でけんたは、私の父やアヤコの両親の葬式をはじめ、何度もお焼香をしているはずなのに、毎回、ゴマを種火の周りにばら撒いていたのかと思うとイヤになる。「親の顔を見たい」とお坊さんに毎度思われていたことだろう。

その後、気晴らしに、仕事を休めない次男ひろしを除いた家族3人で九州へ出かけた。羽田空港で金属探知機担当の係員に、小銭、携帯電話、ＰＣ等を置いたトレイを渡している私を見てけんたが言った。

「お父さん、係員の人に貴重品を見せるの？」

アノネ～、けんた！　あんたは、今まで何十回、飛行機に乗ってきたの？　あれは、貴重品ではなく金属物を係員に見せているの！　経験からな～んにも学ばない人なんだな、君は！

ハイパーインフレを引き起こした経験を全く覚えていない、日本政府や日銀と同じだ。

アベ嬢、ヒラオカ嬢をはじめ歴代の私の秘書は、東京駅のお忘れ物承り所の位置やシステムを熟知している。私が新幹線の中に何度も携帯電話を置き忘れ、代わりに取りに行かなくてはならなかったからだ。普段は、新幹線の中は集中してモノを書ける最高の書斎なのだが、酒に酔って乗車すると、話が違う。まず間違いなく携帯を落とす。寝姿がひどく、ポケットからずり落ちてしまうのだろう。「今度落としたら、小学生が手袋を結んで肩からかけているように、携帯を身体から離せないようにしますからね」と脅かされたこともある。

しかし、私とて経験は無駄にしない。最初の頃は携帯をなくすと大騒ぎしたものだが、最近は、落ち着いてまず自分の携帯番号に電話してみる。「電源が切れています」というアナウンスがあれば、まず清掃員かどなたかが私の携帯を拾い、遺失物係に預けてくれているとわかり安心する。そういう決まりがあるらしい。何事も経験から学ぶことは重要だ。

※「日本国債を外国人が持っていない」が意味すること

「日本政府は日本人からしか借金をしていないのだから財政破綻など起こるわけがない」という議論は何の意味もないことは前項で述べました。

しかし、この「日本人しか保有していない」という事実は、何を意味するのでしょうか？

外国人にとっては、全く魅力がない商品だということです。入札時には「まず日本人に売却し、それから余ったものを外国人に売却する」のではありません。日本人も外国人も同じスタートラインに立っての「ヨーイドン」での発売です。それなのに外国人が保有していないということは、外国人投資家にとっては日本国債は魅力的ではないということです。

おそらく「こんなに借金額が多いのに、金利が低すぎる」との判断なのでしょう。

専門用語でいえば、信用リスクが全く上乗せされていないということです。**市場原理が働かない日銀が年間発行額の8割も買っていれば、外国人にとって魅力のないレートまで金利が下がる**（＝価格が上昇する）**のは当たり前です。**日銀の前も、旧大蔵省資金運用部やゆうちょ銀行など、市場原理の働かない投資家が市場を牛耳っていたのです。外国人にとって魅力的な、適切な利回りを得られる商品にならなかったのは当然です。

マーケットの参加者が多様化していないと、相場が崩れた際、買い手が現れないという、極めて脆弱なマーケットとなります。日銀が売却に走った場合、相当に金利が上昇しないと、外国人は参入してこないという点に注意が必要です。

※「日本の純債務は大きくない」は本当か

「国の純債務はいわれているほどには大きくないから、日本の財政は大丈夫だ」という説をよく聞きます。本当にそうでしょうか？

企業倒産の主たるものは「資金繰り倒産」ですが、国も同じだと前に述べました。ギリシャの例を思い出していただければおわかりかと思いますが、金利支払日、元本返済日、公務員の給料支払日、年金の支払日等に資金が不足すれば、国といえどもデフォルト（倒産）になるのです。

その倒産を単純なB／S分析で予測しうるかを考えてみましょう。バランスシートの分析で「資金繰り倒産」の可能性を判断できるか否かです。

私が勤めていた頃のモルガン銀行は当時、世界でナンバーワンの銀行といわれ、リスク管理技術も世界トップレベルだといわれていました。近年では「ＤＥＡＲ」というシステムや、その延長線上にある「ストレステスト」が世界中の一流銀行で使用されていますが、開発したのはモルガンです。

ＤＥＡＲは日常的なオペレーションで倒産する確率、ストレステストは非日常的なこと、すなわち戦争や大地震等でも倒産しないかどうかを計算する管理手法です。

たしかにモルガン銀行でも、25年ほど前まではB／S分析を行っていましたが、今は全く使用されていません（私が辞める２０００年までの話ですが）。さらにその陳腐化したB／S分析も、単純なB／S分析ではありません。当時は一歩進んだ「ベーシックサープラス」という手法でした。

要は、単純なB／S分析の結果、「日本の倒産確率は低い」などと言われても、私は聞く気にもなれないのです。ましてや、国の純債務は小さくはありません。

どうしてもB／S分析で倒産確率について言及したいのなら、せめて最低限、時価会計で話をしなくてはいけません。A株が現在、市場で10円で取引されているのに、購入原価の100円で資産評価をしても、会社の財務状態はわからないのです。国の財務諸表は時価会計を採用していません。

モルガン銀行では、DEARが発明される前までは「ベーシックサープラス」で倒産リスクをコントロールしていました。銀行といえども「資金繰り倒産が怖い」わけで、「危機が生じたときに倒産しないだけの十分な流動性資金を、絶えず確保していなくてはいけない」という考え方によります。

つまり、危機が起きた後、(たとえば)3週間でどのくらいの資産を現金化できるかを計算していたのです。危機が起きて預金がどんどんおろされても、それ以上に早く資産を現金化できれば、預金の引き出し要求に対応できます。その計算がベーシックサープラスです。

国の倒産確率をB／S分析で算出するのならば、最低限この概念は導入すべきです。「公務員に払うお金が不足しそう」または「国債の金利を払う資金が不足しそう」なときに、早急に現金化できる資産を国はどれくらい持っているのか？　不動産でいえば、橋や道路などは誰も買わないでしょうから、売れるのは都市部の不動産のみだと思います。都市部の不動産といっても、授業を行っている国立大学の校舎や、診療を行っている国立病院の診察棟などは売れません。実際に日本国のB／S分析をしてみると、短期に現金化できる資産はそう多くはないはずです。

「UR都市機構（旧住宅公団）などの特殊法人、独立行政法人に対する貸付金、出資金を廃止したり回収すればよい」とおっしゃる方もいますが、政策投資銀行やUR都市機構が行っている融資などは、採算が合わないものや、民間が負担できないリスクを政府が政策として取っているものが多くあります。

国が民間に貸し出しを肩代わり（＝民営化）させようにも、肩代わりする民間金融機関など現れるはずがありません。ですから簡単に売却などできないのです。

「肩代わりが見つからないのなら、融資を回収せよ」と言われても、UR都市機構には返済する金がありません。「低金利融資を満期前でも即座に回収して、そのお金を国に返せ」と言われても、公庫やURに不可能なことは明白です。また地方公共団体向け融資も多いのですが、「貸金を国に返せ」と言えば、地方公共団体の資金繰りが悪化します。

少なくとも国の資金繰り対策の一環として、「現金が必要だから、×月×日までに現金を用意しろ」と地方公共団体に要求しても無理なのです。

出資金も同じです。中小企業基盤整備機構への出資金、水源総合研究センターへの出資金、国際協力機構などへの出資金を誰が肩代わりするのでしょうか?

金融資産だからといって、「民営化」や「出資金引き上げ」でなんとかなるというのは、時間的にも貸金の性格からしても、誤りだと思うのです。お金が返ってこないと、その間、公務員の給料も年金も国は払えないのです。

私自身、政府が行っている事業の中には無駄なもの、民間にやらせるべきもの、地方にやらせるべきものが極めて多く存在している点は大問題だと思います。すぐにでも民営化すべきです。しかし、そのことと国の資金繰り問題とは別の話です。

要は、「日本の政府保有資産額は世界一だから、倒産などするわけがない」という理屈には賛同できないということです。

「貸付金や出資金など比較的換金可能な金融資産の割合が極めて大きい」としても、すでに述べたように、ほとんどは短期間に換金することなど不可能だからです。

また米国は、多くの資産は国ではなく、州が保有しています。だから日本政府の資産が大きく見えるだけ、という点もつけ加えさせていただきます。

※財政はもはや子孫からの借金ではない

今年度の政府の国債発行予定額は、予算段階で152・6兆円でした。これは「新発債」と「借換債」を合計した額です。新発債と借換債の簡単なおさらいをしておきましょう。

今年度予算が34兆円の赤字ですから、この分は国債を発行して調達しなければなりません。この額が「新発債」の金額です。一方で、以前に発行して満期が来る国債があるものの、今年度も赤字ですから、元本返済に回すお金などありません。しょうがないので、その分をまた借り換えましょう、と発行する債券が「借換債」です。新発債と借換債の合計が、今年度は約150兆円で、国としてはその分のお金が必要なわけです。

借換債分は、以前保有していた金融機関が再度、同額分を購入してくれれば事足りるのですが、新発債分は「誰かがその分、買い増してくれなければならない」という点に注意が必要です。よく「国債を保有している金融機関は、売れば自分の首を絞めてしまうから売るわけがない。だから国債相場は崩れるはずがない」と声を大にして主張される方がいますが、そうではないのです。

新発債（今年度でいえば34兆円）は新しい借金ですから、誰かがその分、買い〝増し〟てくれなければいけません。その誰かがいなかったら、国債相場は大崩れします。

昔は、発行された国債は、基本的に民間の金融機関が保有していました。購入の原資は国民の貯金や保険です。旧大蔵省資金運用部という公的機関、その後はゆうちょ銀行という半官半民が大量保有していたのも事実ですが、その購入原資も簡保や郵貯に預けられたお金で、国民の貯金でした。

市場原理の働かない組織が市場を牛耳っていたので、財政危機が近づいても警戒警報が鳴らない大問題はありましたが、それでも国債の購入原資は国民の預貯金だったのです。

しかし、現状は違います。

私が現役の頃、日銀は長期国債を基本的には購入していませんでした。日銀は政府の資金繰りなど助けていなかったということです。

ですから、「国債、すなわち国の借金は子孫が返済義務を負っている」「我々高齢者は使う人、子孫は借金を返済する人」という表現は正しかったのです。

ところが現在、日銀が、今年度国が発行する国債約150兆円のうち、約120兆円を購入するのです。言い換えれば、国は今年度、満期が来た国債の元本返済資金を含め、約150兆円のお金が必要なところ、日銀が120兆円貸すということです。

メガバンクやゆうちょ銀行などは、このときとばかりに、急速に国債保有高を減らしています。国への貸金の引っぺがしです。

この日銀の購入原資は、ゆうちょ銀行やメガバンクが買っていたときのような国民の預貯金ではありません。日銀が輪転機をフル回転させ、刷り出してきた紙幣なのです。

すなわち国は、異次元の量的緩和を始める前は、民間からの借金（＝子孫からの借金）で税収不足を補っていたのに、**今は、子孫からの借金どころか、日銀が紙幣を刷りまくることによって税収不足を補っている**ことになるのです。

今、日銀がやっていることは、元禄時代に江戸幕府がやった貨幣改鋳と同じです。フジマキへの給料1両の資金繰りに困った幕府が、1両小判を鋳直して、金《きん》含有量が半分の2枚にし、そのうちの1枚（1両）をフジマキに渡しているのです。当然、小判の価値は下がり、物価は上がってしまうのです。

正月に日本橋髙島屋で開かれていた川瀬《かわせ》巴《は》水《すい》展を見てきた。川瀬巴水は大正・昭和期に活躍した近代風景版画の第一人者である。アップル社の共同創設者のスティーブ・ジョブズを魅了した版画家としても有名だ。

作品の即売会が同時に行われていたが、初刷には数十万円の値段がついていた。この値段を見て私は思った。「版木が残っていて今後、どんどん刷られてしまったら、数十万円が数万円、ひょっとしたら数千円になってしまうな。版元が日銀と同じことをしないといいな～」と。

※民間銀行は今、国債を売却している

２０１５年12月12日付けの日経新聞によると、２０１５年６月末時点で、ゆうちょ銀行を含む銀行全体の国債保有額は２５９兆円だそうです。

民間銀行が保有国債の売却を続ける一方、日銀は３８６兆円（２０１５年７月末）まで購入を増やしていますから、２０１５年６月末時点では、**すでに日銀が民間銀行よりも多額の国債を保有している**ことになります。40年ぶりのことです。

日銀の国債保有は現在（２０１６年８月末現在）３９７兆円ですから、国債保有のシェアは約４割ですが、これはＦＲＢのシェアの２割弱よりもかなり大きい数字です。

しかも、**今後も長期国債を年間80億円前後増やすよう買い続けていくのですから、そのシェアはますます高まります。**

２０１５年８月、国際通貨基金（ＩＭＦ）は、**日銀の国債買い入れが２０１７〜２０１８年に限界を迎える**、とのレポートを公表しました。

日銀が買い増している間に、民間銀行はこのときとばかりに国債保有額を減らしています。

２０１６年7月14日の日経新聞に「三菱東京ＵＦＪ銀行が『国債入札の特別資格』を返上した結果、国債の保有額が最低限になった」という記事が載っていました。メガバンクはこの４年ほどで、国債保有額を半減させているのです。２０１５年の1年だけでも、計13兆円の国債を売ったそうで、２０１５年9月末時点での保有額は56兆円となっています。２０１６年10月7日の日経新聞によると、２０１６年6月末現在では、43・1兆円とさらに急減させています。２０１６年3月末と比べても8兆円弱の減少で、まさに急減という言葉がぴったりなのです。

銀行は、「(信用リスクを判断できない) 国民からお金を集めて、自分よりリスクの高いところにお金を貸す」のが本来の仕事です。ですから銀行が、自分より信用力の高い (＝倒産確率の低い) 国にお金を貸す (＝国債を購入する) などおかしな話だったのです。

国民が自分自身で国にお金を貸す (＝国債を買う) のが本来の姿です。ですから**メガバンク等が国債を売るのは、銀行が本来の仕事に戻りつつある**ともいえるのです。

何はともあれ、民間銀行は国への借金を引っぺがし、その分、一生懸命、日銀が国債を買っている (＝国にお金を貸し込んでいる) というのが昨今の図式です。これを見れば、「国債の金利が低位で安定しているのは、日銀が国債を爆買いしているから」「国の借金は、日銀が新しく紙幣を刷ることによって補填されている」ことがはっきりすると思います。

※「CDSレートが低いから日本の財政は健全」とはいえない

「CDS（クレジット・デフォルト・スワップ）レートが低いから、日本の財政は健全だ」とおっしゃる識者もいらっしゃいますが、CDSレートとは「国の倒産確率」にすぎません。国が資金繰り倒産するのを回避するために、中央銀行が紙幣を刷りまくり、国に渡せば、倒産は避けられます。元利金の支払い不能状況が回避されれば、CDS市場では倒産は回避されたことになるからです。

私は「日本の財政危機が近い」との論陣を張ってはいますが、実際には「資金繰り倒産」はしないと思っています。政府が最終的には日銀を支配下に置いて、必要な紙幣を印刷させ続けると思うからです。**したがってCDS市場で定義する倒産は起こらないのです。**

ですから、日本のCDSレートは低くなります。しかし、貨幣が毎日天から降ってくれば、その価値はなくなります。これが、ハイパーインフレです。財政破綻をしないから（＝CDSレートが低いから）といって、財政が健全とは全くいえないのです。

高層ビルの50階で火事にあったとする。「助けて〜！」と泣き叫ぶ私に「窓から飛び降りろ！」と指示する消防士がいたら、私は頭にくる。冗談じゃない！

しかし現実にこの事態になったとき、私はきっと炎の熱さに耐えられずに、思わず50階から飛び降りてしまうだろう。結果として「死亡」するのは同じだが、それは結果であって、政策でも救助法でも何でもない。「財政破綻」と「ハイパーインフレ」の違いは「焼け死ぬ」か「墜落死」か、選択の違いでしかない。

※プライマリーバランスの黒字化は財政再建にならない

２０１０年6月のトロントサミットでは、「先進国は２０１３年までに、少なくとも赤字を半減させ、２０１６年までに政府債務の対ＧＤＰ比を安定化、または低下させる財政計画」を発表し、各国はこの約束達成をコミットしました。

しかし日本に対してだけは「状況を認識し、我々は、成長戦略とともに最近発表された日本政府の財政健全化計画を歓迎する」との記載になっています。これは他の先進国が実行を約束した目標が、日本にはあまりに無理難題で、５周遅れの目標を認めざるを得なかったということです。

その5周遅れの目標こそが、「ＰＢ（プライマリーバランス）の２０２０年までの黒字化」なのです。ＰＢとは国債費（国債元本の返済額と利息支払い額）を除いた収支です。**というこ**

とはPBが黒字化しても、毎年度の予算は、国債費の分だけ赤字になるということです。

たとえPBの黒字化が達成されたとしても、現在1053兆円（2016年6月末）もある借金総額は毎年、国債費分だけ増え続けるからです。

財政再建とは、借金総額が減っていき、ゼロに近づくことのはずです。単年度決算が黒字化しないと、借金総額は減りません。単年度決算が黒字化し、借金総額が減っていってこそ、初めて「財政再建が成功した」といえるのです。

それでは5周遅れとはいえ、なぜ、このPB黒字化が日本の目標として認められたのでしょうか？

「ドーマーの定理」というのがあります。PBが黒字化した後に「名目金利＜名目GDP成長率」であれば、累積赤字は縮小していくという理論です。

名目GDPが1％増えた場合に、税収が何％増えるかを「税収弾性値《だんせいち》」といいます。長い目で見ると、税収弾性値は1です。詳細は後ほどお話しします。

税収弾性値が1ということは、「名目GDPが1％増えれば、税収も1％増える」ということです。ということは「名目金利＜名目GDP成長率」とは「支払金利＜税収増」ということで、この条件が満たされれば、PB達成以降は借金総額が減っていき、「めでたし、めでたし」となる理屈なのです。

しかしバブル崩壊以降、ずっと「名目金利∨名目GDP成長率」だった日本が、突然「名目金利∧名目GDP成長率」に変化するのか疑問です。しかも今は日銀が国債の爆買いをして、名目長期金利を異常なほど低く抑えつけているからいいようなものの、もし抑えがきかなくなると、日本の倒産確率が高まって、名目金利が跳ね上がると思います。「名目金利＝実質金利＋期待インフレ率＋倒産確率」だからです。

倒産確率が上昇すれば、名目金利は上昇します。今、日本の国債の金利計算上の倒産確率は、間違いなくゼロとして取引されていると考えられます。そう思わざるを得ないほど名目金利が低いのです。

しかし、**ここまで借金が蓄積された段階で、少しでも期待インフレ率が上昇して名目金利が上昇すると、市場はさすがに倒産リスクを考え始める**と思います。倒産確率の急騰により、名目金利は跳ね上がるでしょう。１９９８年にロシア危機でロシア国債の金利が80～１００％くらいまで上昇したのは、この倒産確率の急騰のせいだということは前述した通りです。

※内閣府の試算では累積赤字は拡大する

内閣府が発表している「中長期の経済財政に関する試算」でさえ、２０２１年度以降「名目金利∨名目ＧＤＰ成長率」なのです（次頁の図参照）。

内閣府の中長期の経済財政に関する試算（経済再生ケース）

	2016年	2020年	………	2024年
名目GDP	**511.5兆円**	**582.7兆円**	………	**676兆円**
P/B（国＋地方）	△15.9兆円	△5.5兆円	………	3.7兆円
名目金利	**0.3%**	**3.4%**	………	**4.4%**
国債費	22.8兆円	30.4兆円	………	47.0兆円
税収等	62.3兆円	74.0兆円	………	85.7兆円
国債費／税収	36.6%	41.1%	………	54.8%

	2016年	2020年	2021年	2022年	2023年	2024年
名目長期金利	0.3%	3.4%	3.8%	4.1%	4.2%	4.4%
名目GDP成長率	2.2%	3.9%	3.7%	3.8%	3.8%	3.8%

出典：内閣府ホームページより作成

国の支払金利のほうが、税収より大きい伸び率なのですから、これではPBが黒字化しても、累積赤字は拡大していってしまいます。

何のためのPB黒字化目標なのでしょう？

内閣府の肩を持つなら、「支払金利の増加は、税収の伸びよりも遅くなる」（景気がよくなると税収はすぐ伸びるが、金利のほうは、今発行中の国債の満期が来るまでは、以前通りの低い金利を支払えばよい）のですから、当面は「名目金利＞名目GDP成長率」でもなんとかなるだろうと考えているのでしょう。

しかし、かなりの綱渡りであるこ

とは間違いありません。

ここで申し上げたいことは、「税収増」の後追いで**「ターボのかかった金利支払い増が追いかけてくる」**ということです。

名目GDP600兆円は達成できるか

２０１５年９月24日、安倍首相は自民党の両院議員総会の後に、「アベノミクスは第２ステージに移る」と述べ、経済推進力となる新たな「３本の矢」として、「ＧＤＰ（国内総生産）６００兆円」「子育て支援」「社会保障強化」を掲げました。

「ＧＤＰ６００兆円」目標は、内閣府の「中長期の経済財政に関する試算」の「経済再生ケース」に沿って考えられているようですが、このシナリオでは名目ＧＤＰが６００兆円に達するのは６年も先（２０２１年度）の話です。

しかも、その前提は「名目ＧＤＰ成長率３％以上、実質ＧＤＰ成長率２％以上」を６年間にわたって持続することですが、はっきりいってこれはかなり難しい。あまりにも楽観的すぎるシナリオです。

なぜなら、ＩＭＦ（国際通貨基金）の想定する日本の現在の「潜在成長率」は０・５〜１％ですが、それをはるかに超えた「潜在成長率」を前提としているからです。

潜在成長率とは、資本、労働力、生産性を最大限、稼動して達成できる成長率のことです。つまり、**中長期的な成長率の天井**をさします。それを持続的に超えるのは、天井を上げずには達成不可能なのですが、そのためにはかなりドラスティックな改革が必要です。

日本の労働力は毎年0・5%ずつ減っているのですから、ざっくりいって、アメリカの2倍ほどの生産性の向上が不可欠です。しかしながら、**残る2本の矢の「子育て支援」「社会保障強化」で、アメリカの2倍の生産性向上が期待できるのでしょうか？**

この超楽観シナリオにおいて潜在成長率は、2015年の0・3%から2020年には2・3%まで急上昇しています。

もし今後5年間で、このような展開をするのなら、まさに日本は躍進著しい国、ウキウキ・ドキドキしながら毎日を過ごせる国となるでしょう。しかしね〜、本当かね〜という感じです。

さらに「経済再生シナリオ」（2016年7月26日経済財政諮問会議提出版）では、消費者物価指数の上昇率を2018年は2・0%、2019年並びに2020年は2・5%、それ以降は安定的に2・0%で推移すると想定しています。

今まで何度もお話ししてきたように、消費者物価指数が2%になると、日銀は異次元の質的量的緩和をやめるでしょう。質的量的緩和は「消費者物価指数2%達成のため」に行ってきたからです。

質的量的緩和の中止により、国債発行額の8割を買っている日銀は、国債市場から退場します。長期金利は、当然のこととして暴騰すると思われます。

それなのに内閣府の試算では、2018年の長期金利を1・7％、2019年は2・7％、2020年は3・4％と想定しています。私は印刷ミスで小数点が入ってしまったのか？と思いました。なぜなら、17％、27％、34％の誤りだろうと思ったからです。

内閣府の試算も、それに基づいて作られた新アベノミクスも、大甘なのです。66歳の私が「100mを10秒以内で走る」という目標を立てているようなもので、希望的観測どころの話ではありません。夢を見せてくれるのはいいのですが、数字を精査すれば、一気に現実に引き戻されます。現実はキビシイ。

プライマリーバランスの黒字化は達成できるか

2020年度のプライマリーバランスの黒字化という国際公約の達成も、風前の灯《ともしび》です。「経済再生ケース」という超甘な前提でも、国と地方合計の2020年度のPBは5・5兆円の赤字です。そうなると日本は他の先進国に比べ、財政再建に関しては5周遅れどころか、10周遅れになってしまいます。いや、もうレースを棄権している状態なのかもしれません。

安倍首相は「経済成長と財政再建との両立を図る」と公言されていますが、数字で見る限り、どうしてもそれができるとは思えないのです。

元日銀総裁の福井俊彦《ふくいとしひこ》氏が2015年8月8日の日経新聞1面「戦後70年」で、「財政の悪化に対する国民の意識が弱すぎる」とコメントされていました。

国民もさることながら、政府こそ意識が足りないと思わざるを得ません。

財政が大丈夫なら年金は崩壊、年金が大丈夫なら財政は崩壊？

政府が2020年度のPBの黒字化にこだわるのは、「名目成長率∨長期金利」を達成すれば、借金総額が減っていくから財政は大丈夫だ、という論理からだと思います。

その一方、厚生労働省は年金財政の検証で、「年金の信頼性は『名目の運用利回りが賃金上昇率をいくら上回っているか（スプレッド）』が大切」と言っています。つまり、「名目成長率∧長期金利」ならば年金財政は安泰ですよ、と言っているわけです。

すなわち国は、「名目成長率∨長期金利」ならば財政は大丈夫、「名目成長率∧長期金利」ならば年金は大丈夫、と言っているのです。「大丈夫」のときの∨の向きが真逆なのです。

つまり、「名目成長率∨長期金利」ならば「財政は大丈夫だが年金は崩壊」し、逆に「名目成長率∧長期金利」ならば「年金は大丈夫だが財政は破綻」となってしまいます。

大いに心配になるのは私だけでしょうか？

第12章

景気回復で財政は再建できるのか

※この章は多少専門的です。あまり興味のない方は４つ目の「『中長期の経済財政に関する試算』が伝える日本の恐怖」だけお読みいただければと思います。この章で申し上げたいことは、「ここまで借金が大きくなると、景気回復だけでは財政問題は解決できない。景気がよくなると財政状況はさらに悪化する」ということです。

※史上最高の税収は狂乱経済期の1990年の60兆円

「財政再建のためには、まず景気をよくして税収を増やすことだ」との説があります。政治家は「景気をよくする」と言って財政出動でばら撒きを行い、「税収増でなくても財政が好転する」と言うことで増税に反対できる。選挙民に対して、いい顔ができますから、こんなにおいしい主張はありません。しかし、ここまで借金が大きくなると、この主張は無理筋です。もはや、景気をよくすれば財政が再建できるような、甘っちょろい状態ではないのです。

史上最高の税収額は、経済が狂乱していたバブルの最終年である１９９０年の60・１兆円で

一般会計における税収の推移

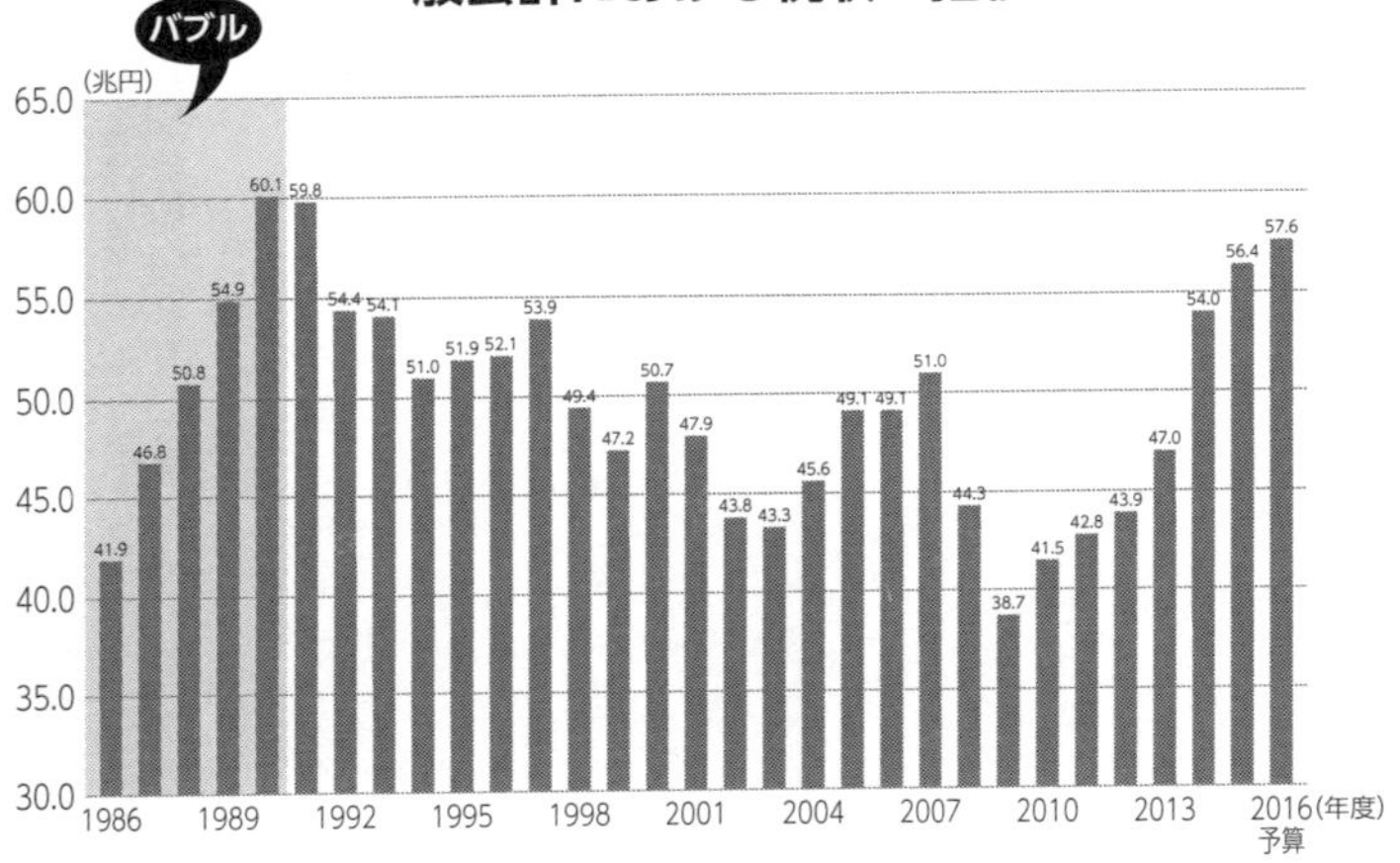

注：2015年度は補正後予算、2016年度は当初予算　　出典：財務省ホームページより作成

す。ただこのときは、消費税率は3%でした。消費税率が8%だったら70兆円くらいの税収にはなっていたかもしれません。税外収入の5兆円を加えれば75兆円です。しかし75兆円では、まだ単年度決算が赤字です。今年度の歳出は97兆円なのですから。

そうはいっても「今、税収が急速に伸びているではないか？このペースで税収が伸びれば、問題は解決するではないか」とおっしゃるかもしれません。

たしかに、この1、2年、アベノミクスの成果として税収が驚異的に増えているのは事実です。といっても、1990年の史上最高税収60・1兆円に到達しているわけではありません（上の図参照）。

問題は、累積赤字がここまで大きいと、支

払利息も今後、急速に拡大していく点です。支払利息は、今後ターボがきいたように増加していくでしょう。

ましてや日銀が「異次元の量的緩和」をやめたら、爆発的に上昇すると思われます。

また、今までの税収の「増収トレンド」が、今後続くかどうかも疑問です。直近の「増収トレンド」を今後、直線的に伸ばすのは、あまりに現実味がなさすぎます。

なぜなら景気回復の初期は、一般的に税収増が大きくでるものであり、それが続くと考えるのは非現実的なのです。

今回の「増収トレンド」は、リーマン・ショック以来の繰越損が多くの法人で解消され、収益が上がり始めたこと、資産価格が簿価以上に上がり、資産売却が始まった（＝資産譲渡益課税）ことなどが理由だと思われます。

「景気回復の初期は、一般的に税収増が大きくでる」という事実を無視して「今後とも、GDPに対する税収弾性値は3とか4が続く」と主張する方もいらっしゃいますが、1・1くらいとするのが大方のエコノミストの見方だと思います。

※「GDPに対する税収の弾性値」とは

多少難しいので再度ご説明しますと、「GDPに対する税収の弾性値」とは、名目GDPが

1％増えた場合に、税収が何％増えるかを示す値です。

そもそもGDPが1％しか伸びないのに、税収が3％も4％も伸びるのなら、経済成長の果実を国が国民から剥奪してしまうことになりますから、国民は怒ります。

私も弾性値は、1・1として計算するのが妥当だと思っています。

「今後の税収を予想する、適切な弾性値についての意見の対立」は、「今までの実績値を得るために、どの程度の期間を取ってデータを集めるか」の違いだと思います。

増税派は「景気がよくなっても、さほど税収は増えない」ことを主張するために、低い数字のでる長い期間で議論したがり、反増税派は「昨今の税収の伸びを反映する」ために、短い期間を切り取って「景気さえよくなれば税収は上がる。増税は必要ない」と議論したがるのかもしれません。

※弾性値を理解するうえでの注意点

弾性値を理解するうえで、注意しておかなくてはならないことがあります。

GDPが1％上昇して税収が3％上昇すれば、弾性値は3ですが、その後GDPが1％下落して税収が3％下落しても、弾性値は3なのです。3％÷1％＝3ですが、－《マイナス》3％÷－《マイナス》1％も3だということです。このように弾性値はずっと3なのですが、景気上昇期、景気下落期を通算してみると、経済は伸びていません。実は弾性値は1でしかなかったということが生じます。ですから前項で述べたように、どこを切り取って議論するかが問題となるのです。「今後、成長を続けるのだから、不況期のデータはいらない」という主張は主観的であり、政治家がよく使いそうな言い回しです。

「中長期の経済財政に関する試算」が伝える日本の恐怖

これまで「量的緩和などの政策で財政再建をするのは無理だ」とお話ししてきました。それを内閣府が発表した「中長期の経済財政に関する試算」で検証してみましょう。

「中長期の経済財政に関する試算」では「名目3％、実質2％」という超楽観シナリオ（経済再生ケース）と、足元の潜在成長率並みで推移する、すなわち「名目1％台半ば、実質1％弱」という「ベースラインケース」の2つが公開されています。

「アベノミクス成功のケース」と「失敗のケース」と考えていいかもしれません。

2016年7月26日発表の最新の試算により、今から8年後の2024年（公表されている最終年です）の数字を見てみましょう。

●経済再生ケース（アベノミクス成功のケース）の場合

税収等85・7兆円　歳出135・7兆円（うち国債費47兆円）　単年度赤字50兆円

●ベースラインケース（アベノミクス失敗のケース）の場合

税収等68・5兆円　歳出117・3兆円（うち国債費34・4兆円）　単年度赤字48・8兆円

景気がよくなれば（＝アベノミクス成功のケース）、**多くの方の予想とは逆に、失敗のケースより単年度赤字は大きくなり、累積赤字はいっそう巨大化することになっています。**しかも税収等が85・7兆円なのに対し、国債費（＝元利金返済＋支払利息）は47兆円。「税収等の55％も国債費の支払いに充てられてしまう」というとんでもない状況になっています。

現在は「税収等の37％が国債費の支払いに充てられている」ので、まだマシ（これでも十分ひどいですが）なのです。

内閣府の試算でも「上げ潮政策での財政再建は無理」ということがおわかりかと思います。

私自身は、景気がよくなると、日銀が異次元の量的緩和をやめますので（きっと政府は継続を強制しようとするでしょうが、もしやめれば）、長期金利の天井が吹っ飛び、40％、50％、あるいは、もっと上に上昇するのではないかと思っています。

国債費は巨額化し、単年度赤字幅は国債費急増のせいで、想像を絶する巨大なものになっていると思っています。だからといって購入を続ければ、紙幣は毎日天から降ってくるわけで、

郵 便 は が き

お手数ですが、
切手を
おはりください。

151-0051

東京都渋谷区千駄ヶ谷 4 -9 -7

(株) 幻 冬 舎

「国家は破綻する」係行

ご住所 〒□□□-□□□□ Tel. (- -) Fax. (- -)			
お名前	ご職業		男
	生年月日	年 月 日	女
eメールアドレス：			
購読している新聞	購読している雑誌	お好きな作家	

◎本書をお買い上げいただき、誠にありがとうございました。
質問にお答えいただけたら幸いです。

◆「国家は破綻する」をお求めになった動機は？
① 書店で見て ② 新聞で見て ③ 雑誌で見て
④ 案内書を見て ⑤ 知人にすすめられて
⑥ プレゼントされて ⑦ その他（ ）

◆著者へのメッセージ、または本書のご感想をお書きください。

今後、弊社のご案内をお送りしてもよろしいですか。

（ はい ・ いいえ ）

ご記入いただきました個人情報については、許可なく他の目的で使用することはありません。

ご協力ありがとうございました。

それこそハイパーインフレとなってしまいます。

今なんとなく財政も大きな問題にならず、平和で安穏な毎日が過ぎているのは、アベノミクスが成功せず、景気が悪いからだと思っています。

景気がよくなったら、それこそ財政破綻かハイパーインフレ勃発です。

もっとも、不況が長く続いた後でも、やはり破綻が待っているのですから、どちらがいいかはわかりません。**Xデーが早く来るか遅く来るかだけの違いです。**まさに「インパール作戦」そのものです。

どうしても危機を回避したかったら、明日から消費税を40～50％にするか、国民皆保険全廃、年金半分というような超過激な政策しかないのでしょうが、そんな政策を国民が飲むわけはないでしょう。「それほどまでに日本の財政は悪い」というのが私の認識です。

第13章

マイルドな通貨安が最高の景気対策である

EU離脱後の英国はどうなる?

本書の趣旨からは少しずれますが、最近英国がEUから離脱したので、せっかくですから、この話題にも少し触れておきましょう。

英国の国民投票前には、「英国がEU離脱を決めた場合、英国経済は大きな打撃を受ける」との論調が多くありました。英国財務省は2016年4月に、EU離脱で英国GDPが2030年までに6%落ち込むとの見方を発表しましたし、経済協力開発機構(OECD)は離脱の場合、最悪の想定では2030年時点で、実質国内総生産(GDP)が7・7%ほど悪化すると述べました。マーケットエコノミストのほとんどが地球規模での株価の下落を予想しました。

日本では特にひどく、株価の大幅下落や円急騰予想が大勢でした。**日本はいつでもものの見方が極端に一方通行になります。**これが私の三十数年のディーラーとしての感想です。

たしかに「雨が降ればドルが下落する」と思っている人が7割いれば、一時的には雨が降ればドルが下がります。それと同じで、ここまで皆が同じような発想をしていたので、離脱決定直後は、その通りの反応が起こりました。

しかし英国がEUを離脱した場合、公的機関や識者が主張しているように、英国経済が大打撃を受けるのかは以前から疑問に思っていましたし、今でもそう思っています。

他の与件がすべて同じならば、たしかに大打撃を受けるだろうと思います。ですが離脱となると、経済活動にとって重要な要素である為替が動くのです。

多くの識者が予見していた通りに、ポンドは大幅下落しました。実際、2年前に1ポンド＝1・70ドル付近にあった英ポンドは、国民投票直前には1ポンド＝1・47ドル近辺まで下げていました。そして離脱決定で、1ポンド＝1・27ドル程度まで下げたのです（9月23日は1ポンド＝1・1226ドル）。

したがって、**EU離脱は英国経済に大打撃どころか、このポンド安で逆に大きなプラスになる可能性のほうが高いのではないか**、と私は思うのです。

モルガン銀行勤務時代、ヘッジファンド・ムーアキャピタルのオーナーであるルイス・ベーコン氏が私のことに触れたという話が伝わってきた。「ほら、あのクレージーな日本人の名前、何ていったっけ?」と部下に聞いたというのだ。

私自身がルイス氏のことを「なんて無茶な勝負を仕掛ける男だろう」と思っていたのだから、逆にそんなことを言われて、おもはゆかった。今はもうそんなガッツはない。私は歳を取った。そして英国のEU離脱問題では、ヘッジファンドのオーナーたちが「第2のソロス」になろうと列をなしているそうだ。

英国中央銀行に勝った男「ジョージ・ソロス」

1992年、ジョージ・ソロス氏のファンドのポンド売りのせいで、ポンドが急落し、英国は通貨ユーロへの参加資格を得られませんでした。ソロス氏が「英国中央銀行に勝った男」との称号を受けたときの話です。

当時、英国には、通貨統合に向けて「1ポンド＝2・95マルクに固定する。最低限でも1ポンド＝2・77マルクにする」という条件が課されていました。それが通貨統合に参加を許される条件だったのです。

ポンドは円と違って、ポンド中心に考えますから、数字が小さいほどポンドは弱くなるのです。1ポンド＝2・77マルクのほうが、1ポンド＝2・95マルクよりポンドは弱い（安い）ということです。

1992年の英国は景気が非常に悪く、ポンドが下がろう、下がろうとしていました。介入をしても効かない。そうなると、ポンド下落を防ぐ方法は2つしかありません。一つは英国の利上げ。しかし景気が悪いからできませんでした。もう一つはドイツの利下げ。しかし東西融合の後でインフレ気味になっており、ドイツは利下げなど到底できない状況でした。

そこでソロス氏は考え、決断したのです。「英国が通貨統合に参加するのは無理だ。一生懸命にポンドを買い支えていたのは通貨統合に参加するためだから、参加不可能となれば、支える理由がなくなる。そうなればポンドは急落だ。ポンドを売れ！」と。

英国中央銀行は、最後の最後には景気が悪いにもかかわらず、利上げをしました。

しかし、その時点では末期症状で、英国は最終的に参加を放棄し、ポンドは約20％の急落をしたのです。

結果、ソロス氏は大儲けし、当時、モルガン銀行東京支店の資金為替部長だった私は、このことに気がつかず、大儲けし損ないました。自分の頭の悪さを呪ったものです。ですから、よーく覚えているのです。

あのとき英国政府、ならびに英国民は、ユーロへの参加資格を得られなかったと、大いに落胆しました。**ソロス氏は悪人扱いでした。しかし、そのポンド安のおかげで、英国経済は大復活しました。**それどころか、この二十数年を振り返ってみると、英国は通貨ユーロを採用しなくても、他の欧州諸国以上の成長をしたのです。

また2009年に深刻化した欧州債務危機にも巻き込まれず、「老大国」とか「ヨーロッパのお荷物」と言われた姿は、今や跡形もなくなったのです。

私は今回の英国のEU離脱も、このときと同じ結果をもたらすのではないかと思っています。

5月の仙台でのG7で「(景気のための)通貨の切り下げ競争」をしないとの合意ができたわけですが、**英国は通貨競争をすることなしに自国通貨を切り下げ、経済回復を図ることができるのです。**

第14章

そもそもアベノミクスとは何だったのか

日本の財政再建は可能か？

日本の累積赤字は現在１０５３兆円（２０１６年６月末現在）もの巨額にのぼります。これは大変な金額です。国の財政状況を家計に直すと、６３０万円の収入の家庭が毎年９７０万円使い、借金総額が１億５３０万円にまで膨れ上がったということです。

この１０５３兆円の借金は、10兆円ずつ返しても、返済完了までに１００年はかかります。**10兆円返すためには、今年度当初予算で税収等は約63兆円ですから、歳出を53兆円に抑えて初めて10兆円を返済できます。それで返済に１００年かかるのです。それなのに約97兆円も使っているのです。**ですから1年間で34兆円以上の赤字になるのです（次頁の図参照）。これでは２００年かかっても３００年かかっても完済できません。

また、今はゼロ金利だからいいようなものの、こんなに借金元本が大きいと、金利が上昇したときに大変です。１０５３兆円の借金とは、金利が１％上がったら、（すぐにではありませ

1年で34兆円以上の赤字！

2016年度　政府予算案

税収＋税外収入		歳出		
62.3兆円	**－**	**96.7兆円**	**＝**	**△34.4兆円**

- 所得税……**18兆円**
- 法人税……**12兆円**
- 消費税……**17兆円**

んが）10兆円の支払利息増です。すぐにではないと書いたのは、政府の借金は多くを固定金利の長期国債で調達しているからです。日銀が金利を引き上げても、発行国債の満期が来るまでは、低い金利の支払いのままで済むからです。

しかし今、日銀は一生懸命、長期国債を購入しています。前に書きましたが、政府と日銀の統合B／S（バランスシート）を考えると、政府の負債である国債と日銀の保有国債という資産が相殺されて、残るのは日銀の「発行銀行券＋日銀当座預金」という話になります。

発行銀行券の金利はゼロですが、**はるかに残高の多い日銀当座預金への付加金利は、いずれ上昇します。それが今後、日銀が金利を上げうる唯一の手段だからです。**

そうなると、「政府＋日銀」の統合B／Sで考えた場合、日本の支払金利は1％の利上げごとに、すぐ10兆円ずつ増加していく、といっても過言ではないかもしれません。

5％上がれば、50兆円です。今の税収等は63兆円。となると、税収はほとんど支払利息で消えてしまいます。日銀が金利を5％上げるときは景気がいいときだから、税収も増えるだろうと思うかもしれませんが、前に分析したように、税収は100兆円になるとか200兆円になるとかいう次元の話ではないのです。

また、「金利が5％上がることなぞあり得ない」と思わないでください。今は異常な超低金利時代なのです。

アベノミクスが成功し、景気がよくなれば、政策金利が5％上昇するのは想定外ではないのです。金利が数％上昇したときに、日本の財政は本当に大丈夫なのでしょうか？

大増税をすれば財政再建できるのか

無茶苦茶な緊縮財政を行い、10兆円ずつ返しても、100年はかかるほどにため込んだ日本の借金。その間に金利が急騰したらおしまいです。こんな状態ですから、尋常な方法では財政再建はできません。となると、考えられる唯一の方法は大増税です。

今年度当初予算の赤字は約34兆円ですが、この赤字を埋めて、さらに100年かけて借金を返済するための10兆円を足し、計44兆円を埋めるために、何を増税するのか？

今年度の法人税収の予測は12兆円、所得税収の予測は18兆円です。

大増税ということで法人税率を2倍にしても（そんなことをしたら、企業は皆、海外に逃げてしまうと思いますが）、24兆円です。12兆円しか税収は増えないということです。それでは所得税率も2倍にするか？　20％の所得税を支払っている人は40％、30％を支払っている人は60％への所得税増税です。

現在1800万円以上の所得のある人は、所得税と地方税合わせて税率50％（年収4000万円以上の限界税率は55％）ですから、たとえば1800万円以上の所得は全額税金で没収するとします。ソフトバンクの孫さんだろうが、楽天の三木谷さんだろうが、ユニクロの柳井さんだろうが、どんなに所得のある人も、1800万円以上のお金は税金で100％没収。こんな、1800万円以上の人はいくら稼いでも手取りは同じ、という過激なことをしても、所得税は36兆円にしかならない。すなわち、18兆円の増収にしかならないのです。44兆円分は、これらの増税では到底埋まりません。

ちなみに、所得税収を上げるとなると、すぐ「最高税率を上げる」というような話になりますが、本当に所得税収を増やしたいのなら、世界的にも高いといわれている課税最低限を引き下げて、今まで税金を払っていない人たちから税金を取るとか、5％とか10％の低い税率帯を引き上げるしか現実的な方法はないのです。つまり、**低い税率帯のところを増税しなければならない**、ということです。これは**高い税率帯の税金を払うお金持ちは少なくて、低い税率帯の税金は、お金持ちを含めて多くの人が払っているので、そこの税率を上げれば効果が大きい**ということです。

900万円以上の収入を全部税金で没収（＝日本人の手取りは900万円が上限）**という超過激なこと**（こうなれば天下一品の共産主義国家です）**をしても、4兆8500億円の増収にしかなりません。一方、5％の税率帯を10％に、10％の税率帯を15％にすると、4兆2000億円の増収になります。**

「他の誰かの所得税で格差是正を」は言うのは簡単でも、現実的には無理な話なのです。

※唯一の財政再建策は「インフレ税」

法人税率、所得税率を2倍にしても十分な税金が集められないのならば、何税で集めるか？

私は**インフレ税しかない**と思うのです。といってもインフレ税は、税金という形を取っていません。**単にインフレを起こす**ということです。

皆さんが個人タクシーの運転手さんだとします。1000万円をみずほ銀行から借ります（借金をしていますから、皆さんは債務者です）。今、元利金を返すのは大変かもしれませんが、タクシーの初乗り2kmが100万円という超インフレになったとしましょう。

すると、皆さんは大助かりです。本日10人のお客さんを乗せて、ちょっとだけ走れば、1000万円が手に入るからです。1日でみずほ銀行に借金を返せるのです。借金をした債務者である皆さんは、インフレに大いに助けられるのです。

一方、汗水垂らして10年間で1000万円の貯金をしていた人（債権者）は、インフレが来たら大変です。タクシーに10回乗ったら、1000万円の貯金はパーなのですから。

要はインフレとは、債権者から債務者への実質的な富の移行なのです。日本最大の債務者は誰か？　それは、1053兆円もの借金をため込んだ日本政府。債権者は国民の皆様なのです。

したがってインフレとは、債権者（国民）から国（債務者）への富の移行ということで、まさしく税金と同じなのです。

ちなみにタクシー初乗り100万円という例を出すと、「フジマキは相変わらず大げさだ」と叱られます。しかし1923年、この本の「序章」に書いたライヒスバンクの「異次元の量的緩和」により起きたドイツのハイパーインフレでは、1月に1個250マルクだったパンが、12月には3990億マルクになりました。これは1月に700円だったタクシー初乗り料金が、12月には1兆1000億円になったことに相当します。

タクシー初乗りが1兆円になれば、1053兆円の国の借金はゴミみたいなものです。何せタクシーがお客さんを乗せて2㎞走るごとに、8％の消費税なら800億円の消費税収となるのですから。

当然ハイパーインフレになっては困るわけですが、ここまで借金が大きくなると、インフレ税を徴収して（＝インフレにして）、実質的に1053兆円の借金を軽減するしか、財政再建の道はないと思います。これが現在の財政状況を踏まえた「べき」論です。

大きな問題は、「適切なレベルのインフレに収まる」のか、それとも「コントロールができなくなり、ハイパーインフレになってしまう」のかなのです。

ハイパーインフレは政策ではなく結果論

私は将来の日本には「ハイパーインフレしかない」と思っていますが、誤解していただきたくないのは「ハイパーインフレ」を政策として推奨しているわけではないということです。**「結果としてハイパーインフレになってしまうだろう」という結果論です。**

「それは政治家として無責任だ。なんとか財政破綻やハイパーインフレを抑えろ」とよく言われます。抑えたいのはやまやまです。しかし、1945年の終戦間際に「お前を陸軍大将にするから米軍に勝て」と言われても、無理なものは無理なのと同じです。私は長年「早くから歳出を抑え、消費税を上げ、財政再建と真摯に向き合い、穏やかな円安政策や（異次元の量的緩和ではなく）マイナス金利政策で経済を立て直せ」と主張してきたつもりです。でも政治家は誰も聞いてくれませんでした。それが遅まきながら、私自身が政治の世界に飛び込もうと思った理由です。

早く聞いてくれていたらな～と非常に残念ですが、日本は時間を無駄にしすぎました。戦争でいえば、私は「米国とは戦争するな」と主張してきたようなものです。この期に及んで「なんとかしないのは無責任だ」と言われても困ります。

「それでもなんとかしろ」とおっしゃるのなら、解決策はないことはありません。「明日から消費税を40%にし、年金は半分、国民皆保険制度をやめる」などの方法です。

しかし、それを国民が受け入れるとは到底思えませんし、それだけの政治力のある政治家もいないでしょう。ですから、ここまで借金が大きくなった以上、結果論として「ハイパーインフレしかないだろう」ということなのです。

「お金をばら撒き、ハイパーインフレで回収」でいいのか

これほどまでに財政が危機的状況になったのは、自民党政権が長年「大きな政府＋低い消費税」という「いいとこ取り政策」を続けてきたからです。

「国民皆保険やばら撒き」など大きな政府を志向するなら、消費税を中心として、高い税金でなければ財政がもつわけがありません。「世界に誇る皆保険」と言いながら、「世界に誇る低消費税率」では財政がもたないのです。それで財政をうまく切り盛りできるのなら、それができない他国は「アホ」になってしまいます。

「大きな政府＋高い税金」か「小さな政府＋低い税金」しかないのです。またはその中間のコンビネーションです。今の自民党政権のような「大きな政府＋低い税金」などというコンビネーションが働かないのは当たり前です。その結果が、現在の大累積赤字なのです。

ここまで財政が悪化しても、政府は今、盛んにばら撒きを続けています。「近い将来、ハイパーインフレでばら撒いた分も回収するのだから、今ばら撒いてもどうってことないよ。今は国民の歓心を買うほうが大切」と考えているのではないか？　と疑心暗鬼になってしまいます。

ちなみに消費税率引き上げ議論のときに、よく「逆進性」が問題になりますが、ハイパーインフレのほうが「よほど逆進性が高い」ことも申し上げておきたいと思います。

また経済的弱者のために、逆進性の高い消費税増税に反対し、増税ならばせめて軽減税率導入をと主張している識者や政治家がいますが、この点も疑問に思うことがあります。

そう主張する政治家は、その前に高い関税やコメの減反政策に反対すべきです。

日本は（票のためでしょうが）**生産者保護という理由で、高い関税や減反政策によって、食料品価格をつり上げています。低所得者の消費者に大きな負担をかけているわけです。**

しかし消費税になると、突然「経済的弱者のために軽減税率を」と騒ぎ出すのは、いかがなものか？　と思います。高い関税や減反政策のほうが、軽減税率よりもよほど農産物価格に大きな影響があると思うのです。

少なくとも食料品に関する関税は、軽減税率よりは価格に大きな影響があるはずです。政治家が高関税や減反政策に反対しないで、軽減税率を要求して騒ぐのは、「経済的弱者のため」というより、「票のため」だと思ってしまいます。

生産者の票が欲しくて、「高関税や減反政策の撤廃」には反対で、経済的弱者の票が欲しくて「軽減税率導入を」と言っているように思えてしまうのです。

長男けんたが大学入試のとき、帰ってくるなり、ほざいたことがある。

「先祖とは子孫を守るのが使命だろう。足を引っ張るとはなんだ〜！」

話を聞くと、某大学の古文の試験で明治時代の蘭学者・哲学者の西周男爵《にしあまね》の文章が出たのだが、意味不明で全く点が取れなかったからだそうだ。

実は、藤巻一族の石川升子《ますこ》が嫁いだ先が西周だという話にすぎず、大した関係ではないのだが、それでも「西周と無関係ではない」というだけで、1円切手には多少の愛着がある。西周が1円切手の肖像になったことがあるからだ。

だから インフレは困る。1円切手が無用になってしまう……。

もはや増税と歳出削減では追いつかない

2015年12月31日の日経新聞3面の「アベノミクス4年目の課題」に、前述の慶應義塾大学の小林慶一郎教授のインタビュー記事が載っています。小林教授は経済産業省出身です。

「――安倍政権は有権者が嫌がる歳出削減を避けていませんか。
『任期中に財政が危機的状況になると思っていないのだろう。だが危機が近づくと冷静な判断が難しくなる。財政危機に備えたプランを考えておくべきだ』
『選択は3つ。消費税を30%に上げるとか、歳入面で大胆な策を打ち出す。次は積極的なインフレで貨幣価値を実質的に下げ、債務を目減りさせるインフレ税で財政問題を解決する。名目金利を低くすると言う金融抑圧という手法を強化することも必要だ。3つめは歳出削減を大胆にやるかだ。私は増税しながら、歳出削減を進める穏やかなやり方がよいと考える』」

この小林教授の認識は極めて正しいと思いますが、「私は増税しながら、歳出削減を進める穏やかなやり方がよいと考える」という部分は、もはや実行不能だと思います。「増税＋歳出カット」といっても、「かなりの増税＋かなりの歳出カット」が必要であり、両方とも世論の大反対にあうと思われるからです。

それらを国民に説得できるだけの政治力も勇気も、自民党政権は持ち合わせていないと思うのです。ここまで財政赤字が大きくなると、先の項で述べた通り、まさに小林教授が挙げている選択肢のうちの2番目、インフレしか方法はないと思うのです（極めて悪政だと思いますが）。

※安倍政権は内心、何を考えているのか

財政再建には「べき論」からして、インフレしか手段がないことがおわかりになったかと思います。それでは実際問題として、安倍政権は財政再建策としてインフレ政策を取るのかどうかを考えてみましょう。

実は安倍政権は、「財政再建策としてのインフレ政策を取るか否か」ではなく、知ってか知らずか、すでにスタートさせているのです。つまり、前項で取り上げた小林教授の選択肢の2番目**「積極的なインフレで貨幣価値を実質的に下げ、債務を目減りさせるインフレ税で財政問題を解決する」をスタートさせている**のです。「かなりの増税＋かなりの歳出カット」を実行するだけの勇気と政治力がないので、この政策に走っていると私は考えています。

アベノミクスは3本の矢といわれていますが、実際は「異次元の質的量的緩和」の役割が極めて大きい「一本槍」政策です。

この一本槍の「異次元の質的量的緩和」は、お金をジャブジャブにして貨幣価値を下げ、インフレを引き起こし、財政再建をしようという政策そのものだと私は思っています。

その過程でインフレが起きるので、副次的に（一時的ですが）景気がよくなるという政策です。財政再建策として、決してまともな政策ではありません。

尋常な方法で堅実に歳入を増やし、歳出を削減して財政を再建するのが王道です。しかし、**ここまで来るともう王道では無理だ、ということで、インフレ政策による財政再建の道を選んだのだ**と私は思います。

安倍首相は、アベノミクスとは「景気を回復するため」の政策だとおっしゃっていますが、私はそれ以上に「財政再建のため」の政策だと思っています。

「異次元の質的量的緩和政策」で、景気は一時的によくなると思います。そして**ハイパーインフレになれば、政府の巨大累積赤字は実質なしになります。**安倍首相が、しばしば「景気回復と財政再建の両立を目指す」とおっしゃっているのは、あながち嘘ではないのです（皮肉です）。

※インフレになれば景気がよくなるか

景気がよくなればインフレ気味になりますが、インフレになれば景気がよくなるわけではありません。スタグフレーション（景気悪化のもとでインフレが進行する状態）という言葉が存在しますし、もしインフレがそれほどいいのなら、政府や地方自治体がコントロールできる「電気、ガス、水道、市営、県営の鉄道料金やバス料金、公立学校の学費」を30％ほど上げればいいのではないでしょうか？　消費者物価指数の上昇率2％は容易に達成できるでしょう。

しかし、景気は逆に、大幅に悪化すると思います。この点には注意が必要です。

第15章

穏やかなインフレによる財政再建は可能か？

岸本哲也先生が推測する政府の財政再建策とは

経済学者の岸本哲也先生から、数年前に以下のメールをいただきました。岸本先生は2000年代初め、神戸大学の経済学部長をされていて、そのとき私を半年間の非常勤講師として呼んでくださいました。デリバティブの話を含めた金融論を講義させていただいたのですが、それ以降、テニスを含めて、お付き合いをさせていただいています。

私の尊敬する先生なのですが、その岸本先生は「安倍首相・黒田総裁チームは本音では5〜7%のインフレを目指しているのではないか？」とおっしゃっていました。私も岸本先生の分析に同意します。岸本先生からのメールは次の通りです。

「安倍・黒田チームは、2%のインフレにこだわると見せながら、本心は5〜7%のインフレを10年ほど続けることだと私には見えます。これがうまくいけば、10年後には実質国債残高は半減し、なんとかやりくり可能な域に入ると思われます。
そこでこの安倍・黒田チームの作戦を考えてみました。以下ご両人の立場に立って書きます。
◎現行の量的緩和を続けるうちにインフレが生じてくる。
◎2%で止まらずに5~7%程度のところに来たところで、量的緩和を縮小するか、インフレ高進が早すぎるなら国債の日銀買い入れを止める荒療治も辞さない。
◎そうすると、利子率が上がり、新発債への利払いは増えるが、インフレになっているので税収も増えて、財政破綻になるかどうかは不明。
◎破綻に転べばハイパーインフレもあるかもしれないけれども、20世紀のハイパーインフレの例を見ると、①戦後の極端なモノ不足、②政争があるか政府が腐敗していてまともな政策を取れない、という2つのいずれかになっている。日本はいずれにも当たらないので、ハイパーインフレをなんとか封じ込める。

これが安倍・黒田お二人の魂胆だと推測します。まさに『AKC(Abe-Kuroda Circus)綱渡り』です。ただ、お二人が落下してハイパーインフレになっても、藤巻さんのおっしゃる通り、その後に立ち現れる日本経済はそんなに悪いものではないようです」

私も岸本先生のおっしゃるように財務省、日銀のお偉方は、このシナリオ、すなわち「10年間、5~7%のインフレを起こして財政再建をする」ことを、本音では考えていると思います。

しかし残念ながら、私自身は、このシナリオ通りにはいかないとも思っています。

一つには、ここまで累積赤字が大きいと、いずれかの時点で国の倒産リスクをマーケットが読み込み、長期金利が暴騰してしまうと思うからです。

もう一つは、インフレを制御する手段を日銀が放棄してしまったからです。放棄してしまった以上、5~7%のインフレで収まらず、そのままハイパーインフレに突き進んでしまうのでは？と思うのです。

岸本先生も「**その後、インフレ率を抑えるのは、かなりの困難を伴うでしょうね**」と認められていらっしゃいます。

実はこの後、岸本先生とはかなり突っ込んだ議論をさせていただきました。今でもときどきさせていただきます。ただ専門的すぎる気がいたしますので、この本では残念ながら割愛させていただきます。


岸本先生は、私の本についてよく感想を書いて送ってくださる。

私が自叙伝『経済のことはみんなマーケットで学んだ』（徳間ポケット）を書いたときは、私の「人事を尽くして天命を待つ」の生き方に対して、「阿佐田哲也さんが『人事を尽くさず天命を待たず』を座右の銘としていたのを知って、『ウ〜〜〜ン』と考え込んだのを思い出しました」と書いてくださった。また「家内アヤコは私の本に興味がない」との記載には、「城山三郎さんが文学界新人賞を取ったときに、文藝春秋からの電報を届けに来た配達人が『シロヤマさんのお宅ですね』と聞いたところ、奥さんが『そんな人はうちに居りません』と答えた、と何かの本にありましたよ」とも教えてくれた。城山三郎氏の奥様は旦那のペンネームを知らなかったわけだ。まさにアヤコそっくり。

岸本先生のユーモア感覚は、私と似ているなと思っている。私がよく使う「天はドルの上に円を造らず、円の下にドルを造らず」というフレーズは、岸本先生からのパクリです。

ブレーキがないからハイパーインフレに一直線

前項の岸本先生が推察する方法は、唯一政府に残された建設的な財政再建策だと思います。

しかし最大のネックは、インフレの制御ができず、インフレ率が5〜7%で止まらなくなるということでしょう。その結果、デフレという「じり貧」を脱出しようとして、ハイパーインフレという「ドカ貧」に陥ってしまうのだと思っています。

2015年の12月4日に通信社のブルームバーグが、「ビル・グロース氏が『(日本の)中央銀行は、（換金の必要が全くないチップを無尽蔵に作り出すように、紙幣を印刷する）カジノのようだ』と述べ、『通貨が妥当なレンジにとどまると投資家が信じられなくなれば、インフレはすぐに目標値に達し、それを超えてしまう』と述べました」と伝えています。

ビル・グロース氏は、つい最近まで世界最大の債券ファンドで総指揮をとっていた著名リスクテーカーですが、私の考えは彼と同じです。日銀に限らず、どの中央銀行も同じリスクを背負っていますが、その中でも日銀が最大級のリスクを負っているのです。日銀が先進国中、最も過激に「異次元の質的量的緩和」をしているからです。そしてインフレ制御の方法を全く持ち合わせていないからでもあります。

財政法第四条も五条も、特例公債法案の1年ごとの更新も、日銀の発行銀行券ルールも、ハイパーインフレから国民を守る先人の知恵だったはずです。そういう警戒警報さえ日本政府と日銀は、ことごとく無効化させているのです。

となると、歴史の教えの通りハイパーインフレに向かって一直線ではないか？と私は思わざるを得ないのです。フットブレーキもエンジンブレーキもついていない車を、アクセルだけでスピード調整するのは不可能だということです。**ハイパーインフレは究極の財政再建策ですから、財政は再建されますが、国民は地獄を見ることになるのです。**

✳円安にすればインフレは起こる

「デフレからなかなか脱却できないのに、インフレ、ましてやハイパーインフレなど起こるわけがない」とおっしゃる方も多いかと思います。

7月26日の日経新聞「経済教室」（物価はなぜ上がらないのか〈下〉）に、元日銀理事の早川英男氏が次のように書いています。

「なぜ思うように物価が上がらないのかを考えるには、日銀が当初描いていた物価上昇のシナリオを確認しておく必要がある。いまだ一部に誤解があるようだが、『マネタリーベース（資金供給量）を増やせば、自然に期待インフレ率が高まって物価が上がる』と考えていたわけではない。これについては黒田東彦総裁自身が明確に否定している。

大胆な金融緩和で市場にショックを与えることで、大幅な円安が実現する可能性を想定していたのだ。円安が実現すれば企業収益が改善し、輸出や設備投資などが増えるだけでなく、賃金も上がる。経済全体に安倍晋三首相のいう『好循環』が働くと期待されていた」

日銀ＯＢで、しかも幹部だった早川さんがおっしゃるのですから、日銀も「円安にすればインフレが起きる」と考えているのでしょう。

安倍政権ブレーンのイェール大学の浜田宏一教授も以前、私に「この20年間の日本経済低迷の主因は円高だ。その是正のために量的緩和をやる」と明確におっしゃいました。「日本経済低迷の元凶は円高だ」とお酒を飲みながら2人で意気投合したのです。

ただ私は「異次元の質的量的緩和」ではなくて、**もっと積極的に円安に誘導する税制改革**（マル外導入＝ドル預金の金利、為替益をある金額まで非課税にするという税制。円金利が高かった頃、300万円までの円預金の利息を無税にする「マル優」という制度がありました。それに似せた私の命名です）、**日銀の米国債購入、日本国債のドル建て発行、マイナス金利政策の深掘りなどがあると思いますが、それでなくとも、ここまで財政が悪いと、今後は円安がかなり進んでいく**と思っています。

こんなに財政の悪い国の通貨がいつまでも信任され続けるとは思えないからです。

そして円安が進行すれば、簡単にインフレが始まるのです。

高校時代、サッカー部のゴールキーパーは、後に心理学の東大教授になったA君だった。ペナルティーキックの際は、蹴り出されたボールといつも反対方向に飛び、失点を重ね「キッカーの心理をもっと読めよな！」と他の部員から責められていた。

そのA君と先日高校のクラス会で久しぶりに会ったら、東大教授どころか心理学会の会長に就任したという話だった。だから私は心理学とか〝気〟とかを信用しないんだ（笑い）。「景気は気から」ともよく聞く。冗談じゃない。「気で景気がよくなる」のなら、経済学などいらない。正しい政策を取ることが重要なのだ。

※戦争でないとハイパーインフレは起こらないのか

ハイパーインフレは戦争があったから起きたのだろう、今は戦争ではないからモノ不足は起こらず、ハイパーインフレも起こらない、と思われる方がいらっしゃるかもしれません。

しかし戦争でなくても、ハイパーインフレは起こり得ます。ハイパーインフレは需要過多（需要＞供給）、それもかなりの需要過多によって起こりますが、需要過多は供給能力が破壊されなくても起こるのです。

たとえば、円安が大きく進行したとしましょう。100円の日本製品は、1ドル＝100円の円高のとき、米国人にとって1ドルですが、1ドル＝1000円の円安になれば、10セントで購入できることになります。すると、優秀な日本製品に世界中の需要が殺到します。

一方、日本人にとって、輸入品は10倍の値段になってしまいます。

つまり円が暴落すれば、日本の製品は外国人に買われて需要過多になり、輸入品は高騰するのです。したがってハイパーインフレは起こるのです。

よくデフレの原因として、識者から「需給ギャップの話」がでます。「需給ギャップを解消するために財政出動をする」などの話です。

しかし鎖国時代ではあるまいし、なぜ需要を国内需要に限って考えるのか、私はいつも疑問に思っています。海外の需要を取り込めばよいのではないでしょうか。円安にすれば、需給ギャップなど簡単に解消するのです。

第16章

今の量的緩和に出口はない！

「効果がでていない」というアベノミクス批判は的外れ

2015年1月7日付けの日経新聞「経済教室」に慶應義塾大学の竹森俊平教授の論文が載っていました。「安倍晋三首相がアベノミクスへの信任投票と位置づけた2014年暮れの衆議院選だが、与党が大勝した選挙結果よりも、目玉商品である日銀の異次元金融緩和に対し、即時停止といった強硬な反対を唱えた野党がいなかった事実が信任の意味を持つ」という書き出しを読んで、ウーンと唸ってしまいました。竹森先生はよく存じ上げていますし、私の尊敬する経済学者です。

私自身は当初から、「異次元の質的量的緩和」には大反対なのです。

しかし、だからといって、「異次元金融緩和の即時停止」を政治家として今、主張できるかといえば、それも疑問なのです。異次元金融緩和を即時停止すれば、国が即時「資金繰り倒産」をしてしまうからです。**「異次元金融緩和の即時停止」は「即、国の資金繰り倒産」を意**

味することを国民が理解してくれていない現在、国民に継続の是非を聞くのは酷だと思うのです。

今まで述べてきたのでおわかりかと思いますが、「量的緩和」という言葉のせいか、識者やマスコミは、この「異次元の量的緩和」政策を、「世の中に資金を潤沢に供給する」という観点でしか論じません。

しかし、より重要なのは、**お金をジャブジャブにするために、日銀が国債を買い続けている**ということです。この点のほうがより重要なのです。日銀以外に、国債保有を増加させている機関がない以上、日銀が国債を購入し、国にお金を供給しなければ、国の財布は空っぽになってしまうのです。「国の税収＋税外収入」は、歳入の半分強しかないからです。

日銀がお金を供給しなければ、公務員の給料も年金も払えないし、尖閣諸島を守る自衛隊の船を動かす油も買えないことになってしまいます。公共機関も閉鎖です。その意味で「異次元の金融緩和の即時停止」は、国の資金繰り倒産を意味するのです。

しかし異次元の量的緩和を続けると、ハイパーインフレになってしまいます。すなわち**「異次元の質的量的緩和」には出口がない。**これが「異次元の質的量的緩和」の最大の問題なのです。

民進党は国会で、「異次元の質的量的緩和は効果がでていない」と政府を責めていますが、違うのです。「異次元の質的量的緩和」は続ければ、それなりの効果はでてくるでしょう。ですが、それ以上に問題なのは強烈な副作用であり、出口がなくてハイパーインフレになってしまう、という点なのです。

※白川方明《まさあき》前日銀総裁と速水優元日銀総裁の退陣発言

白川方明前日銀総裁と速水優元日銀総裁の退陣発言を読んでいただきたい思います。

白川前総裁は、政府から強いプレッシャーがあった「量的緩和」に反対し続けた方で、退陣を余儀なくされました。退陣会見後の記者会見では次のように述べています。

「したがって、わが国を含め欧米諸国が現在展開している非伝統的な政策の評価も、いわゆる『出口』から円滑に脱出できて初めて、全プロセスを通じた金融政策の評価が可能となる、そうした性格のものだと思っています。デフレ脱却に関して言うと、私どもが実現したいことは、単に物価が上がればよいということではなく、再三申し上げている通り、『デフレから早期に脱却し、物価安定のもとでの持続的成長を実現する』ことです」

言外に「異次元の質的量的緩和の副作用が心配。私は大反対」という内容がありありと読めると感じるのは私だけでしょうか? また、速水元総裁の次の退陣発言にも注目です。

「私は、中央銀行が信認を失えば、いずれ、ほぼ確実に制御不能のインフレが起こると思っている。しかし、デフレ克服とは、そうしたインフレを起こすことではない。政策当局がいったん失った信認を、後で都合よく取り戻すといったことができないことは、貴重な歴史の教訓である」

速水元総裁の「日本は円高が望ましい」というスタンスに、私は真っ向から反対でしたが、**この退陣発言には、日銀総裁としての見識が表れている**と思います。

黒田総裁は、この2人の先輩の発言をかみしめるべきだと私は思います。

※質的量的緩和からの出口はない

「質的量的緩和」政策には出口がない、すなわちブレーキがありません。これが私が昔から「異次元の質的量的緩和」に大反対の理由です。金融政策にどうしても頼りたかったのなら、ゼロ金利になった後、すぐにマイナス金利政策を導入し、円安誘導をするべきだったのです。今さら「異次元の質的量的緩和」政策を採用してはいけなかったのです。

2015年2月25日に開かれた参議院の「国民生活のためのデフレ脱却及び財政再建に関する調査会」でお呼びした日銀OBのお三方も、同じように出口をとても心配されていました。

お一人は、「(ハイパーインフレは)起こる確率は非常に低いかもしれないが、起きれば国家的リスクになる可能性」があると発言されました。

数年前に、日本はギリシャと同じ状態になっていたはずなのに、黒田総裁が延命措置の「異次元の質的量的緩和」政策を採用したがゆえに、財政が延命しています。

しかし、今後、延命不能になったときのショックは、延命したがゆえに極めて大きなものになってしまうと私は考えています。

日銀が「資金供給量を絞る」「金利を上げる」という手段を持っている限り、インフレはコントロールできます。しかし**「異次元の質的量的緩和」の最大の副作用は、これらの手段を失ったことにあるのです。日銀は未来永劫、貨幣量を増やし続けざるを得ない**と思います。

利上げをしようと思えばできますが、日銀は損の垂れ流し（負の貨幣発行益の大量発生）になります。日銀倒産の話も現実的になるでしょう。

すなわち問題は、「インフレを抑え込む（＝市中に出回っている資金の回収、金利を上げる）手段がない」ということに尽きます。「ブレーキのない車のアクセルを踏みっぱなしで大丈夫か？」という話です。「異次元の質的量的緩和」政策は、「後は野となれ、山となれ」政策なのです。

２０１５年1月にヨーロッパ中央銀行が量的緩和の開始を決定したとき、ドイツは大反対しました。１９２３年にお金をばら撒いた結果、ハイパーインフレを経験したからです。米国の共和党も大反対しています。**歴史に学ぶ人は反対する**のです。

※今回の質的量的緩和の出口は最初の緩和に比べて格段に狭い

「量的緩和」を初めて行ったのは、黒田総裁ではありません。

しかし黒田総裁の「異次元の質的量的緩和」は「異次元」と称するくらいですから、それまでの量的緩和とは規模や内容が全く違います。

最初の量的緩和は、速水優元総裁が2001年にスタートさせ、福井俊彦元総裁によって2006年に解除されました。当時の量的緩和は、今とは比べものにならないほど規模が小さかったのです。2006年の量的緩和解除当時の日銀当座預金は、34兆円にすぎませんでした。

2006年の量的緩和解除では、負債サイドの日銀当座預金を34兆円から8兆円に減らしましたが、資産サイドでは保有国債をほぼ同額減らして、出口を達成させています。

今回は、出口達成のために日本銀行が減らすべき日銀当座預金（負債サイド）と保有国債（資産サイド）の額が、当時と比べて桁違いに大きいのです。

現在（2016年8月末）の日銀当座預金残高は303兆円です。「出口」では、現時点で290兆円以上のバランスシート圧縮が必要となります。それでも市場は暴力的に動き始めるでしょうから、ごく短期間に縮小しなければならないでしょう。「一瞬で290兆円近く減らせ」とは申しませんが、市場が納得するほどのスピード感が必要です。

２００６年当時は欧米経済がバブル期だったため、海外の投資家や政府が、日銀が放出する国債を買ってくれました。約30兆円も購入してくれたのです。しかし、たかだか30兆円ともいえます。

２９０兆円もの買い手は、今回も海外部門しか見当たりません。しかし現状、政府が年間約１５０兆円発行するうち、日銀が１２０兆円も購入しているのです。**80％も買っている日銀が、今度は売り手に転じるのです。価格暴落**（＝金利急騰）**は必至です。**

海外投資家としても、金利が暴騰した後でなければ、購入を始めないでしょう。中途半端なところで買い始めると、さらなる価格暴落（＝長期金利上昇）**で大損をしてしまうからです。**

国債市場は大波乱もいいところです。ましてや、２０２０年のＰ／Ｂ黒字化の達成が疑問視されている国の国債です。国の借金返済能力に黄色／赤信号がともっている状況下での国債暴落なのです。

外国人の信認をあてにして２９０兆円を、それなりの価格で売りさばけるとは、私には到底思えません。よほど目の覚めるような財政健全化計画を実現させ、海外投資家の信認を確保しなければ不可能です。

１９９８年のロシア国債は年率80～１００％くらいまで上昇したと前に書きました。そこまではいかないにしても、かなりの金利暴騰が起こると思います。

また昔、日銀が購入していた国債は短期国債のみでした。海外投資家が買ってくれなかったとしても、B／S縮小には「満期待ち」という手がありました。ちょっと待てば保有国債の満期が来ますから、それらは償還されます。日本銀行のバランスシートは自然に縮小したのです。日銀保有国債の満期に伴い、政府から資金が返ってくる（＝政府の日銀当座預金残高を減らす）からです。マーケットはそれを承知していましたから、日銀B／Sの健全性を気にする人はいなかったのです。

しかし黒田総裁は10年国債、30年国債、40年国債と超長期国債を購入しています。繰り返しますが、これが「異次元の質的量的緩和」の「質的」といわれている部分です。**識者やマスコミはあまり気にしていませんが、これこそ重要な点です。**

B／Sの縮小の際の、「満期待ち」ができなくなってしまったのです。海外投資家が買ってくれなかったら、B／S縮小に30年間、40年間かかってしまうのです。その間にインフレ気味になったらどうするのでしょう？　銀行間でお金がジャブジャブであるにもかかわらず、です。

第17章

FRBと日銀の出口戦略は何が違うのか

※FRBの出口戦略とは

FRBは2014年10月にB/S(バランスシート)の「テーパリング」を完了させました。テーパリングとは、もうB/Sの拡大をしないということです。このとき多くの新聞は「量的緩和の終了」と書いていましたが、**「量的緩和」の終了ではありません。**注意が必要です。

車の高速運転を例として説明すると、10分ごとに時速50km、60km、70km、80kmと加速していた車が、時速180kmで加速をやめ、今後は時速180kmで高速運転を続ける。これがテーパリングです。時速180kmの高速運転をやめたわけではありません。**加速をやめただけです。**

量的緩和も同じで、中央銀行のB/Sをどんどん膨らますことをやめただけで、巨大になったB/Sは維持するのです。量的緩和はやめていません。「高速運転をやめた」とは、スピードを時速50km以下に落としたときに言えることです。同じように「量的緩和をやめる」とは中央銀行がB/Sを以前の規模に戻したときに、初めて言えるのです。

しかしテーパリングは、量的緩和の出口戦略の第1段目であることには変わりありません。したがって米国は、出口戦略の第1ステージを完了させた状況なのです。

FRBは日銀と違い、出口戦略を開始するかなり前から、FOMC（連邦公開市場委員会）で議論し、議事要旨を公開してきました。

まずは、公開されているFRBの出口戦略を分析してみましょう。

FRBが2013年に、最初に発表した出口に関するプレスリリースでは、「B／Sの規模を平常時に戻してから利上げを行う」という道筋が示されていました。国債売りオペ等でB／Sを縮小するつもりだったのだと思います。

しかしB／Sの規模を平常に戻すのには、多大な時間がかかります。それを理解したせいだと思いますが、テーパリング完了直前の2014年9月17日に、「新たな出口戦略」をプレスリリースしたのです。**「B／Sの規模を平常に戻すのに時間がかかる」のは、前章で述べた日銀のケースと同様、保有国債の売却が難しいうえに、「満期待ち」もできないからです。**

FRBの出口戦略を要約すると……

FRBのプレスリリースを、私が（勝手に）翻訳した要約文は次の通りです。

①まず短期金利のターゲット水準を切り上げる。
②その際には、主としてFED（連邦準備制度）内にある民間銀行保有の当座預金への付利金利を引き上げる。
③さらに必要があれば、売り現先（＝債券を、将来のある時点で買い戻すことを条件に、売る取引のこと）も活用する。
④ターゲット金利の引き上げ開始後、徐々に保有国債の借り換えを停止（藤巻注／満期待ちということ）し、残高を引き下げていく。
⑤これまでに購入したMBS（住宅ローンなど不動産担保融資の債権を裏付けるものとして発行される証券のこと）は、出口戦略とは別の扱いとする（長期的に限られた範囲での売却はありうるが、即座に売ることはない）（藤巻注／売却表明したらマーケットが大崩れし、市場が混乱するからです）。

FRBは、この後の2015年12月に、平常化の開始をアナウンスしました。

2014年9月のプレスリリースの段階では「満期時の借り換え停止のタイミングは、経済状況および経済の見通し次第」とされていたわけですが、借り換え停止は2015年12月になってやっと始めたのです。資産規模の減額が微速ながら始まったわけです。

（以下、この項目の最後までは少し難しいので、興味のある方だけお読みください）

プレスリリースでは、米国債の借り換え停止により、償還していく（満期待ち戦略）ことになっています。しかしMBSは、基本「借り換え停止により償還（満期待ち戦略）だが、売却もありうる」としています。MBSの場合、ベースとなる住宅ローンが借り換えられたり、デフォルトが発生したりして、償還額が大きくぶれる。すなわち保有証券の償還額が極端に減ってしまっている場合もでてくるからだと思われます。

このような特殊ケースでは、「（満期の到来を待たずに）売ることもありうる」と言っているのだと理解されます。2015年8月3日にセントルイス連邦準備銀行が出した「FEDの正常化（normalization）の説明」からも、以上の理解でよいのだと考えられます。

なおセントルイス連銀は、正常化は7年で完了すると予想しています。

「セントルイス連銀の示した正常化のプロセス（以下、藤巻の〈勝手な〉訳）」

（1）Liftoff（金利目標引き上げ）……FOMCは、大規模な量的緩和が必要なくなったときには、金利目標を引き上げる。このLiftoffは2015年後半に開始されるだろう。Liftoffは「いつから始まる」と最初から決められているわけではなく、経済情勢いかんである。

（2）End “reinvestment”（再投資の終了）……FOMCは最終的にはFEDのB／Sを、金

利を払わなければならない負債（ＦＥＤの当座預金を含む）残高が金融危機以前の低い水準にまで戻るように縮小したいと願っている。再投資とは、保有資産の満期が来たとき再度購入することである。したがって再投資を中止すると、Ｂ／Ｓは縮小を始める。

（3）Shrink balance sheet（Ｂ／Ｓの縮小）……Ｂ／Ｓの縮小は資産売却なしに行うので、穏やかなものとなる。もっとも、資産売却の可能性を全く否定するものではない。ＦＥＤの資産は米国債やＭＢＳの満期が来るたびに減少していく。国債は予想通りのペースで減少していくが、ＭＢＳはそうではない。それはベースとなる住宅ローンの借り換え率やデフォルト率によるからだ。

日銀は出口戦略の発表をしないし、できない

前項で述べたように、ＦＲＢはかなり前から出口戦略を公表し、その道筋に沿ってアクションを起こしています。私は参議院の財政金融委員会で「ＦＲＢはかなり前から出口戦略と、その予想される影響を公表している。日銀は２０１７年度中に消費者物価指数が２％に達すると発表している。それならＦＲＢの例からして、もうとっくに出口戦略を発表すべき時期ではないか？」と黒田総裁に質問しているのですが、答えはいつも「時期尚早」です。

私は出口に向かう時期とか程度を聞いているのではないのです。「どういう方法があるか」

を聞いているだけなのです。

日銀が伝統的金融政策を行っていた頃、もし私が「出口はどうするんですか？」と聞けば、たとえば「公定歩合を引き上げます」とか「売りオペの額を増やします」とか「準備預金率を引き上げます」とかお答えくださったことでしょう。金融の教科書に載るような内容を聞いているのに、今の黒田総裁のお答えはいつも「時期尚早」なのです。

「Mr.時期尚早」と私は彼にニックネームをつけたいくらいです。

とはいえ、黒田総裁は「時期尚早」と言わざるを得ないのだと思います。

私は三十数年間金融界にいて、一橋大学の経済学部で13年間、早稲田大学の商学研究科で7年間、半年ずつの授業を行い、期末試験も作り、採点してきた男です。

しかし、私の頭では出口は見つけられません。また「誰かが出口を見つけ出した」という話も聞いたことがありません。**頭のよい黒田総裁のことですから、ご自身で「出口のないこと」は十分理解されているのだと私は思っています。**


参議院決算委員会で、私が黒田総裁に「私には出口戦略がどうしても思い付きません。私は頭が悪いのでしょうか？」と聞いた途端、「そうだ～」というヤジが入って思わず、ずっこけてしまった。「そんな～」。ただこれは「私の質問が適切だ」という好意的なヤジが、タイミングがずれてしまったにすぎないのだ（苦笑い）。

✖FRBはテーパリングができるが日銀はできない理由

米国ではテーパリングを2013年12月から開始し、2014年10月に完了させましたが、日銀もテーパリングができるのでしょうか？　私はできないと思います。

米国がテーパリングをできたのは、**「米国の単年度財政収支が改善していて、新発債があまりでてこないこと」**が理由の一つです。

新発債がでてこなければFRBが新発債を購入する必要がなく、満期が来た分を購入する（借換債）だけで済みます。ですからB／Sを増大させることがないのです。

一方、日本は日銀以外、国債の買い手がいません。日銀以外は国債保有額をどんどん減らしています。メガバンクは前に書いたように、この4年ほどで国債保有額を半減させました。

「民間金融機関は入札で購入している」とおっしゃるかもしれませんが、彼らが入札で国債を購入するのは即、日銀に転売するのが目的です。日銀が購入をやめると入札は成立しなくなるでしょう。政府の財布が半分近く空になるということです。

新発債は誰かが買い〝増〟さなければなりません。「誰も国債を売らないから、国債は崩れない」のではないとは前にも述べました。新発債を誰かが毎年、買い〝増〟してくれないと、国債市場は崩れてしまいます。それなのにメガバンクは買い増しているどころか、保有額を半減させているのです。他の買い手がいない以上、日銀は買い続けなければならないのです。

ＦＲＢがテーパリングをできた2つ目の理由は、**ＦＲＢの他に米国債の購入者がいるからです。中国政府や日本政府です。なぜならドルは、世界の基軸通貨だからです。日本を含め、多くの国の外貨準備の大半は米国債です。**

一方、日本国債を大量に買ってくれる外国人はいません。日本の国債市場で唯一の購入者は日銀、といっても過言ではありません。ですから日銀は国債購入をやめてテーパリングをすることができないのです。出口戦略の第1ステージであるテーパリングさえ、日銀はできないのです。これだけでも「日銀には出口がない」という理由がおわかりでしょう。

※1998年の資金運用部ショックとは

現在、国は年間約150兆円の国債（新発債＋借換債）を発行している一方、日銀は約120兆円を買っています。日銀が購入をやめれば、長期金利は暴騰です。40％になれば海外投資家が参入してくるかもしれませんが、年利40％で国債を発行したら国がもちません。

だからこそ私は「日銀は国債を買い続けなければならない」「テーパリングができない」と

現在、国債とお金はこう動いている

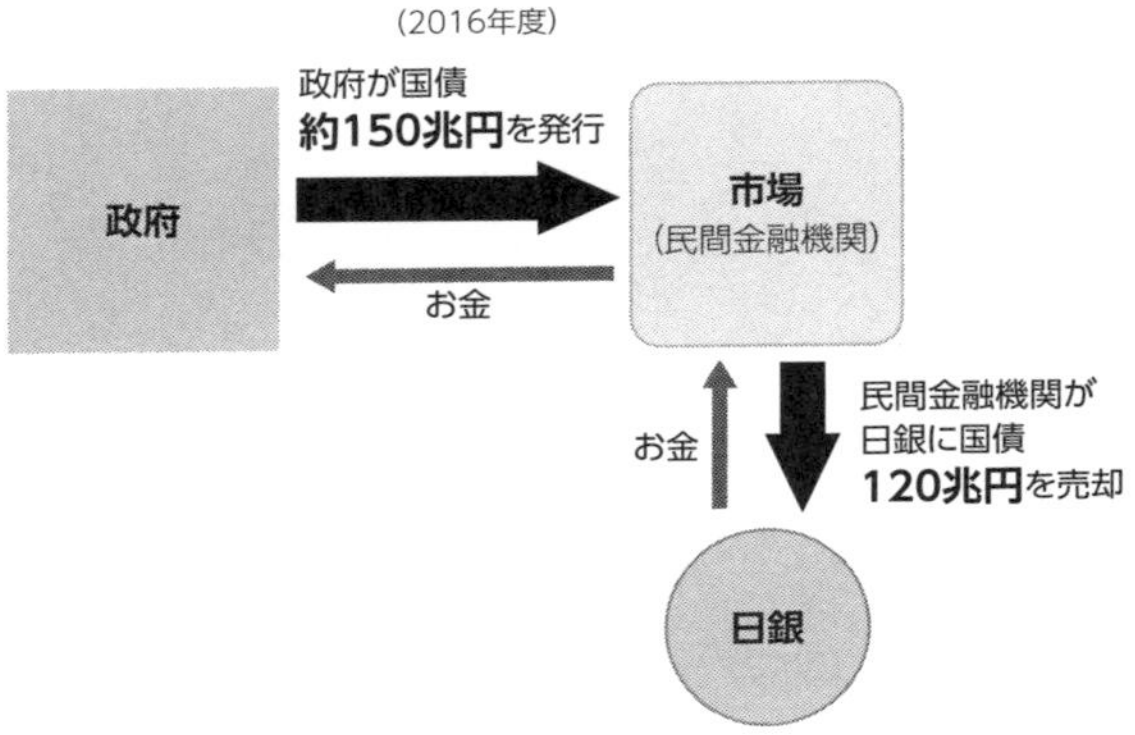

言っているのですが、日銀が国債購入をやめると公表すれば、どんなことが起こるかを予想するのによい前例があります。

1998年に起きた資金運用部ショックです。

当時の最大の国債購入者であった、旧大蔵省の資金運用部が「もう国債を買わないよ」と言っただけで、国債市場が暴落した（金利は0・6％から2・4％へ急上昇）のです。大慌てした当時の大蔵省は、国債買い取りを再開しました。再開しなければ、5％まで軽く上昇していたと私は思います。

上の図でいえば、「日銀」の部分にあたるのが「資金運用部」だったのです。**このときの資金運用部は、「市場規模の20％」しか買っていませんでした**（次頁の図参照）。

今、日銀は市場規模の80％を買っているのです。

市場規模の20％を買っていた資金運用部が国債購入

1998年12月の資金運用部ショック

1998年度の国債発行額（実績）

		うち資金運用部の引き受け分
新発債	34.0兆円	11.0兆円
借換債	42.4兆円	4.2兆円
合計	76.4兆円	15.2兆円 ← $\left(\frac{15.2}{76.4}=19.9\%\right)$

をやめると発表しただけで、それほどのショックを与えたのです。80％を購入している日銀が購入を中止したら、どうなるのでしょうか？

しかも「資金運用部ショック」のときには、「資金運用部」が購入をやめても、日銀が代わりに最後の砦《とりで》として買い出動してくれるだろうという期待が市場にはありました。当時、日銀はほとんど長期国債を買っていなかったからです。

しかし今回は、**最後の砦である日銀自身が買っている**のです。他の買い手はいないでしょう。買い手がでてくるのは価格暴落（＝金利暴騰）後です。お～こわ、です。

その前例から見ても、日銀がテーパリングなどできないのは自明だと私は思うのです。

日銀はバランスシートを縮小できるか

インフレを制御するためには、マネタリーベースの縮小、ジャブジャブにあるお金の吸収、すなわち日銀当座預金の縮小が必要です。B／Sの縮小が必要だということです。

前項で「日銀はテーパリングができない」と述べました。縮小の前段階であるB／Sの膨張のストップ（＝テーパリングの完了）ができないのですから、B／Sの縮小などできるわけがありません。

しかし万が一、テーパリングができたとして、B／Sの縮小が可能かを考えてみましょう。

B／Sの縮小には資産サイドで保有国債の縮小、その結果としての負債サイドの日銀当座預金の縮小という方法しかないのですが、保有国債の減額は「満期待ち」か「売却」（注／保有国債を民間銀行に売り渡し、その代金を民間銀行の日銀当座預金から差し引くと考えていただければよいでしょう）しか方法はありません。

しかしながら今回は、「満期待ち」ができません。理由はすでに述べた通りです。

それでは市中への売却によって、保有国債を減らせるのでしょうか？

日銀が保有国債を売却したいときとは、金融を引き締めたいとき、すなわち金利を引き上げたいときです。いつも申し上げているように、金利と価格はコインの裏表ですから、「金利を引き上げたい」ときとは「国債価格を引き下げたい」ときです。**日銀が価格を引き下げたいときに、誰が国債を買うでしょうか？** 日銀自体が、今日よりも明日、明日よりも明後日と価格を下げたいのです。そんな国債を買ったら、損がどんどん膨らんでしまいます。株主訴訟の対象となる騒ぎでしょう。日銀が「もう売却をあきらめた」と思うまで、買い手は現れないはずです。

前項で、市場の国債の80％を買っている機関が購入をやめたら大変だという話をしましたが、その購入者が売却に回ったら、さらに大変です。市場は恐慌状態でしょう。まさに1998年のロシア同様に、金利数十％の世界ではないでしょうか？

ですから日銀がB／Sを縮小させるのは、至難の業なのです。万が一、縮小できたとしても、気が遠くなるような時間がかかると思います。

日銀が公表した2005年7～12月に開いた金融政策決定会合の議事録には、「30兆～35兆円に積み上がった当座預金残高を『ゆっくりと時間をかけて一つ一つ階段を降りるように削減していくことが適当』（福間利勝審議委員）と金融市場へ極力負荷を与えないよう求める声が出た」とあります。

1回目の量的緩和の解除のときの話です。**当時の日銀当座預金残高は30兆～35兆円でしたが、今（8月末）は303兆円です。**残高が30兆～35兆円のときでも市場に悪影響を与えないようにゆっくりと時間をかけて行ったのなら、日銀当座預金残高303兆円のときに削減が完了するのには気が遠くなるような時間が必要です。瞬間的にふるわれる市場の暴力とスピード感があまりに違ってしまいます。繰り返しますが、それも「縮小が可能だとして」の話です。

※バランスシートの縮小に何年かかるか

日銀は、B／Sの縮小はもちろん、拡大終了（テーパリング）もできないのですから、縮小に何年かかるか？　など無意味な議論ではありますが、もし縮小が、ひょんなことからできたとしたら、何年かかるかを考えてみましょう。

2014年6月23日付け日経新聞の「主要国中銀、資産が膨張、FRB『平時まで圧縮に10年』」という記事には以下のような記述があります。

「ダドリー・ニューヨーク連銀総裁が資産圧縮を利上げの前から後へと延ばすよう提案した」「急ピッチの資産圧縮につながる手持ち証券の売却がないとの判断から『資産規模の正常化は2023年になる』とロイヤル・バンク・オブ・スコットランドは予想する。成長の鈍化などを考慮すれば資産を国内総生産（GDP）比で示す水準を平時（1桁台を想定）に戻すのに『10年近くかかる』との見方はFRB内部にも流れる」

資産圧縮を先延ばしするというダドリー発言で、「FRBの大量売却による値段の崩れ」を警戒して、非常にナーバスになっていた米国債市場は安定化しました。

何はともあれ、ＦＲＢでも平常化までに10年はかかるというのです（セントルイス連銀は正常化は7年で完了すると予想していましたね）。

7年にしろ10年にしろ、そんなに長くかかっている間にインフレが来たら大変です。金融引き締めというブレーキと、Ｂ／Ｓの膨大状況維持というアクセルは同時に踏めないからです。

もしＦＲＢがＢ／Ｓの縮小に7年か10年かかるのなら、日銀は20年から30年かかると思います。黒田総裁が「質的緩和」で10年国債、30年国債、40年国債を大量に買ってしまったからです。満期待ちにべらぼうな時間がかかります。

それに、行ってしまった量的緩和の規模がＦＲＢとは違います。**ＦＲＢやＢＯＥは中央銀行総資産がＧＤＰ比20％のときに「量的緩和」の出口を模索し始めましたが、日銀の総資産（４５３兆円／２０１６年８月末）のそれは、すでに約90％にものぼっているのです。**

スタートの時点で、英米中央銀行に対する日銀のＢ／Ｓの規模は、すでに大きすぎるのです。インフレが来たら、日銀は打つ手なし、もいいところです。

日銀は金利を上げられるか

利上げはＢ／Ｓの拡大停止（テーパリング）、Ｂ／Ｓの縮小の後に続くと考えるのが、通常の考え方です。Ｂ／Ｓが拡大しているのはアクセルを踏み込んでいる状態であり、利上げとはブレーキを踏んでいる状態です。

したがってアクセルを離した後（＝B／Sを従来の規模に戻す）に、ブレーキをかける（＝利上げ）のが普通です。アクセルとブレーキを同時に踏んだら、車は迷走してしまいます。

しかし前項で述べたように、アクセルを離した状態になるまでには、ものすごく長い時間がかかる。**そこでFRBはアクセルを離す前に、ブレーキをかける案を発表しているのです。**

ですがFRBは、少なくともテーパリングだけは完了しています。アクセルを踏み込んでいくのはやめたのです。アクセルは踏んでいても、少なくとも巡航速度からブレーキを踏もうとしています。

一方の日銀は、テーパリングさえ行っていません。行おうとしても、前に述べたようにできないのです。それどころか、アクセルを毎時、毎時、深く深く踏み込みつつあるのです。アクセルの踏み込みを一定に保っている（テーパリング）以上に、アクセルを毎時さらに深く踏み込み続けているのです。この状態でブレーキなどきくわけがありません。

しかし、何らかの方法でアクセルから足を離せた、もしくは最低限アクセルの踏込を一定にして、米国のように巡航速度（それでも超高速）で運転できるようになったとしましょう。

その段階で、米国と同じようにブレーキをかけることができるかを次項以降、検討してみます。

※伝統的金融政策下での利上げとは

異次元の量的緩和を実行した以上、伝統的な利上げの方法は選べません。

金利水準は、日銀が「こうしろ」と市場に命令しているわけではありません。強制的に設定しようとしても、物理的に無理です。伝統的金融政策時代には、日銀が銀行間市場に供給する資金量を調整することによって誘導していたにすぎません。しかしそれはお金の需給が均衡していたからこそできたのであり、今のようにお金をジャブジャブにした状況ではできません。

江戸時代の米相場を考えていただきたいと思います。当時、幕府は旗本に対して、給料の代わりに米を支給していたわけです。仮に幕府が「市中の米の価格が上がりすぎたから下げたい」と思えば、旗本に渡す米の量を増やせばよかったのです。逆に「市中の米の値段を上げたい」と思えば、幕府が旗本に渡す米の供給を減らせばいいのです。そうすれば米の値段は上がっていったはずです。これは、米の需給が均衡していたからできた政策です。伝統的金融政策はこれと同じで、銀行間市場で資金量が均衡していたからこそ有効だったのです。

ところが、豊作が10年続き、旗本の蔵にも農家の蔵にも幕府の蔵にも米がうなっている、ジャブジャブにあるというときに、米の値段を上げようと思って幕府が旗本に支給する米の量を少し減らしたところで、市中の米の値段はビタ一文上がらないと思います。

現在の金融政策も同じです。**銀行間市場にお金がうなっているのですから、日銀が銀行間市場に存在するお金を多少絞っても、金利が上がるわけがありません。**

もう伝統的な金融引き締めの手段は使えないということです。

FRBは利上げができるが日銀にはできない理由

異次元の量的緩和をした以上、伝統的金融政策での金利引き上げ方法が働かないのは前項で述べました。そうなると、考えうる利上げの方法は一つしかありません。専門家の間で議論されているのが次の方法であり、FRBが今後使うと公表しているものでもあります。

日銀は現在、日銀当座預金（正確にいうと超過準備金の部分にのみ）に0・1％の金利を払っています（一部は−《マイナス》0・1％）。この金利を、たとえば1％に上げていくという方法です。

民間銀行は日銀当座預金口座に預金すれば、1％の金利をもらえるのですから、それ以下のレートでわざわざ融資などを行いません。そこで市中での取引金利は1％以上に上昇するはずなのです。

FRBは、このような方法で金利を高く誘導できると考えています。

FRBがテーパリングを完了した頃の米国債10年物の利回りは2％半ばで、その少し前まで3％はありました。MBSはもっと高い金利のはずです。ですからFRBにはそれなりの金利

日銀が利上げできない理由とは……

日銀のB/S　2016年8月末現在

資産	(兆円)	負債	(兆円)
金	0.4	発行銀行券	96.4
国債	396.7	当座預金	303.5
(うち長期国債	339.5)	その他	
その他		引当金	4.4
		資本金	0.0001
		準備金	3.2
	453.0		453.0

利回り
0.409%
(2015年度上半期)

この金利を
たとえば1%に
上げていく

出典：日本銀行ホームページより作成

収入があるわけです。

　ＦＲＢが民間銀行の当座預金に多少の金利を支払ったところで、ＦＲＢの健全性は揺るぎません。しかし、日銀の場合は違います。日銀の保有国債の利回りは、２０１５年度上期で平均０・４０９％です。最近ではマイナス金利の国債さえも買っていますから、保有国債の平均利回りはさらに下がっているでしょう。

　収入サイドの利回りが著しく低いのですから、日銀当座預金へ付利する金利を上げた途端に、損の垂れ流しになってしまうのです（上の図参照）。

　損失に充当しうるバッファーは、現在（２０１６年８月末）３・２兆円の準備金と４・４兆円の引当金にすぎず、これっポッチではすぐに枯渇してしまいます。

市場は先を読みますから、内部留保が減り始めた段階で、円の暴落が起きると思います。

「金利が上がっていく過程では支払金利も上がるだろうが、保有国債の金利も上がるから大きな問題ではない」と思われるかもしれませんが、これは違います。

私が現役のときのように、日銀の保有国債がすべて短期国債なら、ある程度正しいと思います。保有国債が満期となり、その代替を購入するたびに保有国債の利回りは上昇していくからです。つまり、収入が増えていくということです。

しかし黒田総裁は昔と違い、大量の10年国債、20年国債、30年国債、40年国債を購入し、保有しているのです。**たとえば2016年5月に発行した40年国債は明日、日銀が利上げに踏み切ったとしても、あと39年数カ月は0・4%の金利収入しかありません。しかし303兆円の日銀当座預金のほうは、明日から支払金利が増加するのです。**

このような理由で、日銀は利上げができないのです。

日銀は、利上げもできなければ、B/Sの縮小もできなければ、さらには出口の第1段階であるB/S拡大の停止（テーパリング）さえもできないのです。

私が、日銀には「量的緩和の出口がない。ハイパーインフレの危機だ」と言い続ける理由がこれでおわかりでしょうか？

※日銀はなぜ引当金を積み増ししているのか

２０１５年の11月13日、日銀は「引当金を増額する」と発表しました。マスコミは日銀の発表通りに「日銀が保有する国債が値下がりして、損失がでることも予想されるため」と報道しましたが、そんな悠長な理由ではないはずです。

そもそも日銀は「償却原価法」を採用していますから、評価損は起こり得ないのです（注／償却原価法とは「償還金額と購入金額の差額を、所有期間に応じて毎期利息〈損失〉として計上し、帳簿価格には当期に配分すべき金額を加算〈減算〉したものを計上する会計方法」のことです）。償還前に売却すれば損がでる可能性がありますが、引当金の残高を気にするような大量売却など、現状は考えられません。唯一の国債購入者といってもよい日銀が大量売却に踏み込めば、国債市場は大崩れもいいところだからです。

「引当金の積み増し」の真の理由は、量的緩和を終了して利上げに入ったときに、日銀が倒産するのを防止するためだと思われます。

損失に充当しうるバッファーは現在（２０１6年8月末）３・２兆円の準備金と、４・４兆円の引当金にすぎないと前項で書きました。これっポッチではすぐに枯渇してしまいます。

そのための引当金の積み増しなのでしょうが、年間数千億円程度の積み増しなぞ「大火災に対してバケツリレーでの消火活動を考えている」ようなものだと思います。それ以前に日銀は、B／S拡大の停止（テーパリング）もできなければ、B／Sの縮小もできないわけなのです。利上げまでたどり着くとは到底思えません。

それとも、無理を承知でアクセルとブレーキを同時に踏むのでしょうか？

今回の「引当金の積み増し」は、「一応、日銀も危機回避の努力はした」「何もしなかったわけではない」と言うための「免罪符」だとしか私には思えないのです。

以上のことを「通貨発行益《シニョリッジ》」の観点から述べてみましょう。

過去の日銀の通貨発行益は、すべて国庫納付金を通じて財政に組み込まれ、先人によって（社会保障支出等で）消費されてしまっています。**そのため景気が上昇を始めれば、「日銀が国債から受け取る利息」より「日銀が当座預金に支払う利息」のほうが大きくなる**（「日銀が当座預金に支払う金利」を引き上げていくから）**ので、「マイナスの通貨発行益」、すなわち「通貨発行損」がでてくるのです。**

だからこそ日銀は、今、引当金を引き上げているのです。日銀自身は、将来の危機を理解しているのです。ただ口に出して言えないだけです。口に出せば、それこそ The End。「日本売り」が、それを契機として始まってしまうからです。

❖預金準備率の引き上げは有効か

ここまで述べてきた正当な（？）、しかし不可能な出口論以外に、巷ではいろいろな出口論が述べられています。しかし、それは政府の財政破綻回避のみを考えていて、ハイパーインフレのリスクを考えていなかったり、政府と日銀の健全性のみを考えていて民間金融機関の倒産まで思いやったりしていないもので、「これは！」という政策を私は聞いたことがありません。

いくつかの巷の出口案を検討してみましょう。

一番まともなのは、「法定準備預金率をべらぼうに高くして、303兆円の日銀当座預金の大半を法定準備預金に変えてしまう」というものです。

要は「(日銀が金利を支払わなくてはならない) 超過準備預金が減るので、金融引き締めのときに吸収するべき資金量は少なくて済む」「法定準備預金は金利ゼロだから、利上げをしても日銀の損の垂れ流しにならない」というものです。

これは政府・日銀にとっては望ましい方法でしょう。しかし、民間銀行はたまったものではありません。預金獲得では個人に金利を支払わねばなりません。その一方預かったお金の大きな部分は、融資に回せず、受取金利は法定準備預金ですからゼロです。

経営が大ピンチとなります。金融システム危機の到来です。

法定準備預金の利息ゼロによる損失を補填しようと、銀行が融資レートを滅茶苦茶に上げれば、住宅ローンを変動金利で借りている人など全員、破産です。

一時的かもしれませんが、金融株は暴落で、株式市場の足を大いに引っ張るでしょう。

民間銀行は、低利でしか運用できない国債など保有していられませんから、売却に走ります。長期金利は、もちろん暴騰です。日本の財政危機が世界に如実に示されるのですから、円も暴落だと思います。一番まともに思える出口案ですら、このような結末が予想されるのです。

ハイパーインフレなのだから、それを抑えるために融資金利が暴騰してもよい、という考え方もあります。日銀は法定準備預金率でインフレ、デフレのスピードをコントロールしていくのでしょうが、ハンドルの遊びが極めて大きい自動車を運転するようなものです。金融政策の困難さは尋常ではなくなると思います。

※預金準備率の引き上げ以外の政策は有効か

先日、三菱東京UFJ銀行が国債市場特別参加者（プライマリーディーラー、PD）の資格を返上するというニュースがありました。ショックを受けた関係者も多かったようです。

それと反対のことを、全金融機関にさせるというアイディアもあります。全金融機関に国債を強制的に買わせるというアイディアです。全体主義国家の匂いがしますし、法律改正が必要になると思います。こうすれば日銀はテーパリングができるでしょうし、B／Sの縮小も可能かもしれません。

しかし金融機関のほうは、たまったものではありません。国の単年度赤字が続いているということは、皆が保有国債残高を一定にするだけでは不十分です。したがって毎年、国債の割当額が増加していくわけですから、預金増加がそれに追いつくかという不安があります。**また国の国債償還能力に少しでも疑念が生じれば、引き受けさせられた国債という資産は劣化します。**これまた金融システム危機の発生です。

そもそもこのようなオペレーションをすること自体が、国の国債償還能力に疑問を投げかけるでしょうから、市場の大混乱は不可避だと思います。

その他、「日銀保有国債を塩漬けにすればよい」とか「日銀の保有国債を永久債に変えてしまえばよい」と説く人がいます。どちらの案も政府の元本支払い義務が未来永劫来ないので、政府の財政破綻の可能性がなくなるから、というのが論拠のようです。

たしかに政府はそれでいいでしょう。しかし日銀はどうなってしまうのでしょう？インフレが加速し始めたとき、日銀はどうやってコントロールすることになるのでしょうか？

日銀保有国債を永久債に変えれば、日銀の資産サイドは未来永劫、縮小しません。それは同時に、負債サイドも縮小しないということです。世の中にはお金がジャブジャブのままということです。

それでは困ると、市中に永久債を売却しようと思っても、インフレが加速して金利が上がろう（＝価格が下がろう）としているときに、そんな永久債を買ってくれる人はいません。買えば損することが明白だからです。

国債の暴落後なら話は別ですが、そこで売却すれば、日銀は巨大損失を計上しなければなりません。債務超過で円は暴落です。市中売却ができないということは、インフレを抑制すべきときに世の中は「お金がジャブジャブ」のままだということです。これではインフレを制御できません。保有国債を貸付金に変えるというアイディアも同じ結論となります。

※私がハイパーインフレを予想する理由

異次元の質的量的緩和をした以上、利上げ期には日銀のB／Sの棄損が起きると前に述べました。この棄損は「保有債券の売却とか、評価損で起きる」と誤解される方がいるので、再度確認をしておきますが、日銀のB／Sの棄損は「保有債券の売却とか評価損」ではなく、一義的には「損の垂れ流し」によって起こるのです。

前述したように、**異次元の量的緩和をした以上、利上げの方法は「日銀当座預金」に付利する金利の引き上げという方法しかありません。**

利上げしていくと、日銀の支払利息は当然増えていきますが、それが日銀の受取利息よりも大きくなることで「損の垂れ流し」が起きるのです。「損の垂れ流し」とは、「負の通貨発行益《シニョリッジ》の発生」ということでもあります。

中央銀行が債務過多の状態を放置することは、理論上は可能です。しかし、それで世界や日本国民が、その中央銀行や発行紙幣を信用し続けるか？　といえば話は別です。

中央銀行が債務超過に陥っても、①債務超過は一時的であるとか、②債務超過の原因が金融システムの救済であり、金融政策は厳格に運営されているとか、③並行して財政が緊縮に向かっているとかであれば、直ちに通貨が暴落する可能性は低いかもしれません。

しかし**日本銀行の場合は、債務超過が巨大になることが予想されるので、通貨の信認を維持するのは並大抵のことではない**と思われます。

これがハイパーインフレになると私が予想する理由の一つです。

第18章

量的緩和をするなら米国債を購入すべきだった

※日銀の米国債購入に米国は反対しない

量的緩和をどうしても行いたかったのなら、日銀は日本国債の代わりに、米国債を買えばよかったのに、と思います。米国債購入には「出口がない」という副作用がないからです。日本国債と違い、米国債を市中で売却したいときは、世界中に買い手はいくらでも見つかります。先に書いたように、円国債の場合はそうはいきません（なぜ日銀が日本国債を売却したくてもできないかは、第16章をご参照ください）。

私は、この施策をモルガン銀行勤務時代の1990年から主張していました。資金為替部出身の副会長カート・ビアメッツ氏が来日すると、そのたびに日銀でこのアイディアを献策していたのです。しかし、当時の日銀は「為替は大蔵省（当時）の専管事項だから」と聞く耳を持ちませんでした。

2016年、春の参議院財政金融委員会でも質問しましたが、うやむやにされてしまいました。しかし、今は縄張り争い（？）などしている事態ではないと強く思います。

財務省の為替介入と混同する方もいらっしゃると思うので、明確にしておきますと、為替介入でも日銀がオペレーションを行います。

しかし、この為替介入は、財務省の意思で、財務省の決断・勘定で行います。為替のレベル調整の手段です。日銀は、このオペレーションでは「財務省の手足」でしかないのです。

一方、今お話しした「日銀の米国債購入」は、日銀が自らの意思で、自らの勘定で行います。ですから、財務省の為替介入とは別物なのです。しかもこのオペレーションは為替のレベル調整ではなく、「量的緩和の手段である」と言えば、他国はクレームをつけにくいはずです。

異次元の質的量的緩和とは、日銀の負債サイドである発行銀行券と日銀当座預金を増やすことであり、その対価として購入するものは、日本国債であろうが、日本株やＥＴＦ（上場投資信託）であろうが、約束手形であろうが、米国債であろうが、何でもよいのです。

米国債を購入商品に加えれば、異次元の量的緩和は、今後も長く継続できるのです。

さらには日銀が刷った円をドルに換え、米国債を購入すれば、円安／ドル高が進行します。

その結果、停滞していた日本経済が再度、上向き始めるはずです。

実は、これが一番重要だと私は思っています。

英国経済は、ＥＵ離脱で失速するとの大方の予想に反し、堅調を維持するだろうと前に書きました。「通貨戦争」をせずに、ポンド安を手に入れたからです。

これと同じ理屈で、円安／ドル高は景気回復に役立つのです。

外国からのクレームには、いくらでも反論できます。まず米国、英国、EU、中国の中央銀行は、多額の外債を購入しています。一方、日銀は約4兆3691億円（2016年3月31日現在）と、ほんの少額しか外債を保有していません。なぜ日銀だけ外債購入を制限されるのか？ と反論すればよいのです。

米国サイドから見ても、これはうれしいオペレーションのはずです。米国の中央銀行に相当するFRBは、テーパリング（＝B／Sの拡大終了）を完了したものの、B／Sを縮小するのに苦慮しています。早急に縮小するためには、保有米国債等を市中に売却するしかありませんが、売却すれば価格が急落（＝金利は上昇）して、景気に冷や水を浴びせかねません。

B／Sの縮小前（＝市中にお金がジャブジャブのまま）に、インフレが来たら大変です。

しかしながらFRBが米国債を売却しても、日銀が購入すれば相殺されますから、米国債市場は崩れません。

そう説得すれば、米国は反対しないはずだと私は思います。日本と米国はウィンウィンの関係になるのです。

次の日銀の施策は米国債の購入だと予想する

7月29日の日銀政策決定会合で黒田総裁は、一連の金融緩和政策の総括検証を9月会合で行うと発表しました。

そこで私は「当たるも八卦《はっけ》、当たらぬも八卦」としたうえで、8月下旬に週刊朝日（9月23日号・9月13日発売）の私の連載「虎穴に入らずんばフジマキに聞け」で「マイナス金利の深掘り」「日本国債購入額の減額」、そして新たに「日銀による米国債の購入開始」の3政策の組み合わせを予想しました。

9月22日の会合では、私の予想した政策は打ち出されませんでした。しかし今後とも「異次元の量的緩和を継続したい」のなら、日銀は遅かれ早かれ「米国債購入」を開始するしか手はないと思っています。

それにしても、黒田総裁は2013年4月に異次元の量的緩和を開始した際に、記者会見で**「戦力の逐次投入をせず、現時点で必要な政策をすべて講じた」**と強調したはずです。

それにもかかわらず、もうなくなったはずの戦力を何度も何度も投入してくるのには驚きます。あんまり嘘をつくと、「日銀の信用にかかわってくるのでは？」と心配になります。日銀の政策に神通力《じんつうりき》があるのは、信用があるからのはずです。話を戻します。

多くの問題が存在する現状で、日銀はどうするのか予想してみたところ、前述の3つの政策の組み合わせしかないと私は思いついたのです。

「マイナス金利の深掘りで短期金利はさらに下がり、景気を刺激する。一方、日本国債購入の減額で長期金利は上昇する（＝国債価格は下落）。これらにより長短金利差は拡大し、銀行経営不振は払拭できる。日本国債購入減額分は、米国債を購入するから量的緩和は継続できる。当然、円安／ドル高で為替介入と同じ効果があるが、米国債を購入するのだから米国は文句を言わないだろう。また長期金利が上昇するので、財政規律が弛緩しそうな政治に警鐘を鳴らせもする」というわけです。

「年間80兆円の国債購入をあと1〜2年続けると、日銀の購入可能な国債が枯渇してしまう」という事実を考えると、いずれ3つの政策の組み合わせをやらざるを得ないと思っています。そうなれば円安／ドル高、長期金利の上昇というふうにマーケットが反応すると思われます。

私がモルガン銀行に勤めていた頃、ある通信社が「三島由紀夫の手紙にも著作権認定」という速報記事を打った。その中に「三島氏と福島氏の同〝姓〟愛関係を」という誤植を見つけた私は、帰宅するなり、家内に「僕も藤巻、君も藤巻。僕らも同姓愛関係だね」と言ったら、家内はただ一言「ばっかみたい」。

同じ頃、某通信社が「ミスター円こと榊原英資財務官の〝陣痛〟力が落ちてきているようにみえる」という記事を発信した。榊原さんにそんなものあるわけないだろう。男なんだから！もうすぐ日銀も神通力がなくなる。

※日銀は米国債を購入することができるか

前項で述べたような主張をすると、「日銀は法的に米国債を購入できない」という反論が起こります。結論から言うと、日銀の米国債購入が日銀法で禁止されていることはありません。

事実、日銀は外貨準備の一部を保有しており、そのなかには外国政府発行の債券も含まれているのです。

ただ、為替相場維持（介入）目的のための外国為替売買は日銀法上、禁止されています。したがって、介入目的の米国債売買は、日銀は法律上できないのです。日銀法では「（日銀は）国の事務の取り扱いをする者」とされており、あくまで政府のみが介入を行いうると解釈されているのです（日銀法第四十条の二）。

つまり、「**介入目的での外国債購入は法律上禁止されている**」が、「**金融政策目的での外国債購入は法律上、禁止されていない**」のです。

これに関していえば、「断じて金融政策目的だ」と強弁すればよいのです。財政法第五条で禁止されている「国債の引き受け」を実質的に行っているにもかかわらず、「市場を通しているから国債引き受けではない」と主張している日銀ですから、強弁は得意のはずです。

日銀が日本国債の購入を年間80兆円増のペースで続けると、あと1～2年で購入可能な国債が枯渇することはすでに述べました。それは異次元の量的緩和の継続不能を意味します。

ですから堂々と「金融緩和政策の維持だ」「金融政策目的だ」と強弁すればいいだけです。

第19章

財政破綻はいつ来るか？

消費者物価指数が2％になったときが危ない

今、世の中がなんとなく平和で財政危機問題が騒がれていないのは、円高が進行し、景気が低迷しているからだと思います。円安進行でアベノミクスが成功して景気がよくなり、消費者物価指数が2％になったときが危ないのです。

そのプロセスは、第1章に書いた通りです。消費者物価指数が2％になったとき、政府と日銀のバトルが始まる。このバトルが開始されたとき、世界の投資家は間違いなく日本の窮状を理解しますから、市場の反発は必至です。ですからこのバトルの開始がXデー、ハードランディング（財政破綻）となる可能性は極めて高いと思います。

いつ消費者物価指数が2％になるか？

前項で「消費者物価指数が2％になったときが危ない」と書きましたが、そう言うと多くの方が、「今はデフレではないか。消費者物価指数が2％になるはずがない」とおっしゃいます。

しかし日銀自身は、今まで何度も先延ばししたものの、9月21日の金融政策決定会合までは「2017年度中に2％に達する」と公言していました。「日銀はいつもオオカミ少年だ」という批判があるのは承知していますが、私は、この点に関しては日銀の味方です。

これだけ資金をふんだんに供給しているのです。円安が進行すれば、簡単に消費者物価指数は2％に達すると思っています。そうなると前項で書いたように、日銀vs.政府のバトル開始で、円は下落します。円安進行というような生易しいものではありません。文字通り、円の暴落です。

この20年間、「日本の景気回復のためには穏やかな円安政策が必要」と唱え続けてきた私ではありますが、最近では大きな声で「円安政策」を唱えてはいません。

それは、ここまで財政赤字が多くなると、今まで述べた理由で、**穏やかな円安進行が、すぐに円暴落の引き金になってしまう**と思うからです。

しかし、**これだけ財政赤字がたまってしまうと、政府が円安政策を取ろうが取るまいが、結果として、円は暴落してしまう**と思っています。円安を進行させれば、ハードランディングが早く起こります。円安が進行しなければハードランディングはずれ込みますが、その分「おでき」は大きくなり、破裂の衝撃度も甚大になります。

どちらを選択すべきなのかは、私にはわかりません。正直に言えば、前者のほうが感覚的にはいいとは思いますが、その引き金を引くだけの勇気を残念ながら、私は持ち合わせていないのです。他のどの政治家にもないと思います。だからこそ、**最終的には市場の暴力がハードランディングの引き金を引く**と思うのです。

※バブル期の消費者物価指数は低かった

なぜ消費者物価指数が2％になると思うのかを、1985年から90年にかけてのバブルの経験からお話ししましょう。

バブル時代、株価は5年間で3・4倍に、不動産価格は約10倍になりました。当時の失業率は、1985年は2・63％、1990年は2・10％とほぼ完全雇用状態です。

注意すべきは、**バブル当時の消費者物価指数の全国総合**（生鮮食品を除く）**が、1985年は1・8％、86年は0・5％、87年は0・5％、88年は0・5％と低位安定**し、**今、日銀がターゲットとしている2％より、はるかに低かった**ことです（次頁の図参照）。

バブル時代の狂乱経済は資産価格の高騰によってもたらされたのであり、消費者物価指数とは関係がなかったのです。

このようにバブル期の狂乱経済は、資産効果によって起こりました。

消費者物価指数（生鮮食品を除く）と為替、株価の推移

年	消費者物価指数 全国総合(%)	消費者物価指数 東京都区部総合(%)	ドル/円	日経平均(円)	
1982	2.8	3.0	235.30	8,016	
1983	1.7	2.1	232.00	9,893	
1984	2.2	2.4	251.58	11,542	
1985	1.8	2.1	200.60	13,113	バブル
1986	0.5	0.7	160.10	18,701	バブル
1987	0.5	0.7	122.00	21,564	バブル
1988	0.5	0.9	125.90	30,159	バブル
1989	3.0	3.2	143.40	38,915	バブル
1990	2.7	2.7	135.40	23,848	バブル
1991	2.6	2.7	125.25	22,983	
1992	2.1	2.2	124.65	16,924	

※1995年基準

出典：主要統計ハンドブック（日本銀行）より（元データは総務省）

資産効果をおさらいすると、「資産を持っている人が株価や不動産価格の高騰でお金持ちになったつもりになり消費を増やす。それに伴って景気がよくなり企業業績は上昇しさらに株価を押し上げる。給料も上がって資産を所有していない人も消費を増やす」好循環のことでした。

なぜあんなに景気がよかったのに消費者物価指数は著しく低かったかというと、円高が進行したからです。84年末に1ドル＝252円、85年末に同200円、86年末に同160円、87年末に同122円と、円が急騰していた時期だったのです。

ところが88年末に1ドル＝126

円、89年末に1ドル＝143円と、円安方向に変わった途端、消費者物価指数は上昇に転じました。

為替と消費者物価指数の動きには、かなり強い相関関係があることがおわかりかと思います。

※私が円安／ドル高を予想するワケ

私は今後、円安はかなり進行すると思っています。その理由の一つは日米金利差です。

今まで述べてきたように、日銀は金利を低く誘導する方法を失っています。一方、米国は頻度はともかく、今後、何度も利上げをしてくるでしょう。

米国は今、株価は史上最高値圏で、不動産価格も上昇を続けています。2016年9月23日のニューヨークダウの終値は1万8261ドルで、史上最高値圏で動いています。日経平均が史上最高値（1989年12月）の40％強の低迷振りを続けているのとは、えらい違いです。

投資家は、能天気に株を売買しているわけではありません。**「米国経済の将来は極めて明るい」と見ている**わけです。

そして**米国の労働市場は、完全雇用状態**です。株価は史上最高値圏、そして完全雇用状態とは、まさに1985年から90年にかけての日本のバブル期そっくりです。

今のFRBは、消費者物価指数の動きのみに注目して資産価格の動きを見落とし、引き締めが遅れた日銀と同じミスをしているように思えてなりません。

消費者物価指数が低いからといって、史上最高値圏の株価と完全雇用の労働市場を放置すると、景気は過熱してしまいます。それを抑えるため、近い将来、1980年当時のような異常な高金利が必要になるのではないか？　とさえ思います。

それはともかくとして、**米国において史上最高値圏の株価と完全雇用状態の労働市場のときに、政策金利が0・25～0・5％のレベルにあることが妥当だとは私には思えません。**

市場も金利の方向性しか考えていないようですが、市場が予想している以上にFRBは将来、急速に、そして過激に利上げを行わねばならなくなるのでは？　と私は思っています。

たとえ穏やかな利上げだとしても、0・25～0・5％の政策金利は、史上最高値の株価と完全雇用の景気状態を考えると低すぎます。今後も何度かの利上げを続けるでしょう。

9月2日のロイター通信によると、米リッチモンド地区連銀のラッカー総裁が2日、「米経済にはいっそう高い金利が必要になりうる」との見解を示したそうです。総裁は、現在のフェデラル・ファンド（FF）金利が低すぎることは種々の経済分析から明らかとしたうえで、「FF金利は現行水準よりも著しく高い水準であるべきだ」と語ったそうです。そして「FRBが後に急速なペースでの利上げを余儀なくされる可能性」に言及したそうです。

ラッカー総裁は2016年のFOMCでの投票権を持っていないとはいえ、私は彼の発言に

フェデラル・ファンドの金利の推移

		(%)
2003年	6/25	1.00
2004年	6/30	1.25
	8/10	1.50
	9/21	1.75
	11/10	2.00
	12/14	2.25
2005年	2/2	2.50
	3/22	2.75
	5/3	3.00
2005年	6/30	3.25
	8/9	3.50
	9/20	3.75
	11/1	4.00
	12/13	4.25
2006年	1/31	4.50
	3/28	4.75
	5/10	5.00
	6/29	5.25

注目すべきだと思っています。私は彼の考え方と全く同意見です。

ちなみに雇用統計で、市場は非農業部門雇用者数が20万人以上増加したか否かを非常に気にします。

これまでもずっと20万人が判断基準でした。

しかし、これにはちょっとした注意が必要です。

完全雇用になったら、雇用者数などそう簡単には増えないという点に、です。働きたい人はもう、すべて職に就いているのが「完全雇用」だからです。移民が増えたり、今まで働く意思がなかった人が働く気にならなければ、雇用者数など増えるわけがないのです。雇用者数の増加ペースは鈍って当たり前なのです。

非農業部門雇用者数の増加が20万人に達しない、だから労働市場は強くない、と簡単に結論を出してはいけません。２０１５年以降、ＦＲＢの何人もの理事が、完全雇用ならば「10万人台の非農業部門雇用者数増加で十分だ」との発言をしています。このまま20万人も増え続けていったら、労働力不足で賃金が上昇し、インフレが加速してしまうでしょう。

いずれにしろ、日米金利差は広がっていくのであり、縮小していくことはまずあり得ません。金利差拡大が円安／ドル高を招くのです。

余談ですが、ＦＲＢが２００４年6月30日から２００６年6月29日の会合までに、17回続けて０・２５％ずつ利上げをしたことは覚えておくといいでしょう（前頁の図参照）。

三井信託銀行（当時）千葉支店のOB会名簿には「藤木（旧姓小倉）、野中（旧姓大木）、町田（旧姓加瀬）」等と並んで「藤巻（旧姓ドジ巻）」とある。

その後の人生でもいろいろな、あだ名をいただいた。

授業で「株式上場」のことを「株式あげば」と教えて、「あげばちゃん」というあだ名がついた教授にならって、「藤巻さいこうち」と呼ばれたこともある。講演で「史上最高値《さいたかね》」のことを「市場さいこうち」と繰り返したからだ（苦笑い）。

何が財政破綻のきっかけになるか

日米金利差だけではなく、経常収支、財政収支の今後の動向も、円安/ドル高要因だと私は思っています。

少し前まで「いつ日本の経常収支が赤字化するか」が議論の対象になっていました。今はその議論が影をひそめています。原油価格が急落したからです。

一時、1バレル100ドルを超えていたWTI（原油価格の世界的指標の一つ）は、2月に1バレル27ドルまで下落しました。

現在（2016年10月20日）は1バレル51・33ドルですが、これが上昇していけば、日本の貿易収支の悪化による経常収支の赤字懸念が再度でてくるでしょう。

そうなれば、日本は双子の赤字です。それも世界に冠たる財政赤字です。

一方の米国は、財政収支が急速によくなりました。シェールガスの国内開発により、石油を確保しようと中近東に多大な防衛費を突っ込んでいた状況も変わり、さらなる財政収支の好転があるかもしれません。またシェールガスのおかげで原油輸入量が減り、経常収支も改善傾向にあります。近い将来、米国は双子の黒字国家になるかもしれないのです。

双子の赤字国家・日本と双子の黒字国家・米国、どちらの通貨が強くなるか？と聞かれれば、米ドルに決まっています。その昔、私が円安/ドル高を主張すると、必ずや「でも米国は双子の赤字だから」との反論が返ってきました。

その反論は、もうすぐ通用しなくなる可能性が大なのです。「金利差」と「経常収支&財政収支」の分析が、ともに円安／ドル高の方向に向くことは、私のディーラー時代からいっても、度々起こることではありませんでした。

今はそれが、同時に円安／ドル高方向にあることに注意すべきです。

このような理由で、円安／ドル高が進むと、消費者物価指数は2％に簡単に上昇し、ハードランディングの日が近づいてしまうのです。

※格下げも財政破綻のきっかけになりうる

おできが大きくなっているので、ほんの小さな出来事でも、ハードランディングは起こりうると思っています。**予想より速いペースでの米国の利上げ、中期の日本国債を裁定取引で購入している外国人投資家の逃避、日本国債の格下げ、バーゼル銀行監督委員会での資本規制**（国内の金融機関から資金が急激に流出することを防ぐため、資金の移動を制限する規制）**の見直し、原油価格の急上昇なども契機になるでしょう。**

特に、格下げやバーゼル銀行監督委員会での資本規制見直しには注意が必要かと思います。

今までの格下げは何ら市場に影響を与えなかったから今後も大丈夫、とは思わないほうがいいでしょう。日本国債の格下げがあると、それに伴い邦銀、本邦企業の格下げも想定されるからです。昨今のジャパンプレミアムの高まりを鑑みるに、そうなると彼らのドル調達が、いっそう困難になる可能性があります。

ゼロ金利政策導入後、外国人は2年から5年物国債を大いに買っていると聞きます。外国人はクロス・カレンシー・ベーシス・スワップ（通貨の異なる変動金利での交換による取引）のスプレッド拡大により、かなり低い金利で円を調達できるからです。

逆にいうと、ジャパンプレミアムが縮まり始めると、利ざやの小さくなった外国人の国債売りが始まり、国債市場が混乱することもあると思います。**外国人の国債購入資金は、非常に逃げ足が速いのです。**

※バーゼル銀行監督委員会の最終文書とは

少し前、黒田総裁が、バーゼル銀行監督委員会の合意にオフレコで懸念を表明した、というニュースが流れました。オフレコのはずだったのに、流れたのです。

2016年4月21日に発表された最終文書では、黒田総裁が懸念するほど、強烈な合意にはならなかったようです。

しかし、「金利が上昇したときのショックに備えるべし」との注意は喚起しています。「一種のストレステスト（戦争など非常事態が起きたときのリスクを測るテスト）のようなものを実施せよ」と言っているわけです。

米ドル・ユーロが200bp（basis point の略、100bpが1%）、英ポンドが250bp上昇したときのリスクを計算せよとあるのですが、驚いたことに円金利については、「100bp上昇したときのショックシナリオで管理しろ」と言っているにすぎないのです。

円金利が200bp上昇したら、多くの日本の中小金融機関が立ちゆかなくなるので、100bpにしたとしか私には考えられません。

異次元の量的緩和をやめたら、長期金利は100bpなど簡単に上昇してしまうでしょう。資金運用部ショックの例から考えても、そうなります。そして**消費者物価指数が2%に安定的になって、日銀が異次元の量的緩和をやめたら、金利の天井はぶっ飛ぶ**と思うのです。

そういう状況なのに、100bp上昇したときの試算がストレステストだなんて、「ふざけるな！」です。

ただ、もし、これが本当にバーゼル銀行監督委員会の最終文書であれば、Xデーの引き金にはならないでしょう。バーゼル銀行監督委員会も、日本のXデーの引き金を引きたくなかったのかもしれません。

第20章

なぜ日本の財政はここまで悪化したのか

政府が財政赤字の拡大をチェックしなかったから

ここまで累積赤字を積み上げてしまったのは、自民党の大衆迎合政治の結果です。「歳出はばら撒き」で国民の歓心を買い、「歳入は低い税率」で国民の歓心を買う、という「いいとこ取り」政策を続けてきたからです。歳出は極大化、税収は最小化という「国民受け」政策を長年行っていれば、累積赤字が巨大化するのは当然です。

こういう政治の暴走をチェックするために、欧州にはマーストリヒト条約があるのです。前に触れましたが、1992年に調印された「ユーロに参加するため」のマーストリヒト条約では、「政府債務の対国内総生産（GDP）比60％以内」「単年度の財政赤字がGDPの3％を超えないこと」という加盟条件があります。それに抵触すると、スペインとポルトガルのように罰金などの具体的な制裁が科されるのです。

またドイツやスイスでは、均衡財政を憲法で規定しています。ドイツ憲法には「連邦および州の財政は、原則として借り入れによる収入なしに、これを均衡させなければならない」とあります。「上位法は下位法に優越する」の原則がありますから、憲法で定めれば、均衡財政は強烈な義務となります。日本にある「赤字国債の発行を許可する」なぞの特例法は憲法違反となるのです。

さらにドイツには憲法裁判所があります。訴訟の対象にはなりにくい予算でさえも、憲法裁判所ではその対象になります。したがって**均衡財政を憲法化したドイツでは、赤字予算に対して強烈な監督機能が存在する**のです。

また米国には「財政の壁」問題がありました。「財政の壁」とは、「実質的増税」と「強制的な歳出削減」のダブルパンチで、崖から落下するような急激な財政の引き締めが起こってしまうことですが、これは「連邦政府が借金できる額の上限が、法律で決められている」から起こるのです。**米連邦政府は、日本政府と違って、好き勝手に国債を発行するわけにはいかない**のです。

この数年間で、米国は何度か「国債発行の上限枠」にぶち当たり、公務員の給料支払い等が遅延したりしました。そのつど「米国は大丈夫か？」と日本では大騒ぎしました。

前回のこの騒ぎのとき、家内はＮＹに旅行中でしたが、自由の女神に勤務する職員の給料が払われず、公開禁止で見学ができなかったと嘆いていました。

一方で、日本人が米国の財政事情を心配するなんて「娘の健康が心配で心配で（97歳女性）」という川柳のようなものです。「97歳なら娘さんの健康のことより、まずはご自身の健康に気をつけてくださいね」ということです。前々回の騒ぎは「米国政府債務の上限額14・3兆ドル（約1130兆円）を引き上げないと、さらなる米国債が発行できない。それなのに与野党間で紛糾して、なかなか上限の引き上げ合意ができなかった」という騒動だったわけですが、米国のGDPはおおよそ1500兆円ですから、1130兆円の国債発行枠は100％以下です。

一方、**日本政府の借金の対GDP比は200％以上ですが、日本には米国のような債務の上限額がないので、政府は好きなだけ国債を発行できるのです。**自主的上限を設定し、国債発行額が膨らまないようにしている米国のほうが、よほど健全なのは明白です。

※日本は先人の知恵を無視した①

かつては日本にも、財政赤字の膨張を防ぐいろいろな仕組みが存在しました。

日本は戦時中に戦時国債を乱発し、その返済のために紙幣を刷りまくった結果、ハイパーインフレを引き起こしました。そしてその事態を収束させるために、1946年には預金封鎖をして国民の財産を没収したのです。その悪夢を二度と繰り返すまいと、先人の知恵を生かして、いろいろな仕組みを作り出したのです。しかし、そのすべての仕組みを現在の政治は消し去りました。

「財政法の第四条と第五条」の規定を実質無視、ないしは無効化させています。「特例公債法」も実質、無効化させました。日銀の「発行銀行券ルール」もどこかへ行ってしまいました。それらが財政赤字をここまで大きくした理由の一つです。

財政法第四条は、「均衡財政」について言及しています。「国は歳入・歳出のバランスを取らなければならない」という趣旨をうたっており、やむを得ない場合にのみ、社会資本建設のための建設国債を認めているのです。**「建設国債はやむを得ないときはしょうがない。赤字国債はとんでもない」**とうたっているわけです。

ところが今年度発行予定の新規国債34・4兆円のうち、やむを得ない場合に発行できる建設国債は6・0兆円、28・4兆円は「発行などとんでもない」はずの赤字国債なのです。

完全に財政法第四条を無視しています。

発行などとんでもない赤字国債を発行したいのなら、政府は大いに悩みなさい。そして、なんとか国会に理解してもらい、例外的に1年だけは発行させてもらいなさいよ、というのが「特例公債法」でした。ところが、民主党政権時代に、民主党が自公にこの法律の変更を提示しました。「赤字国債発行額の抑制に取り組むことを前提に、2015年度までの間、発行を認める」という内容で、法案が可決すれば、2015年度までは自動的に赤字国債発行が認められるという内容でした。「特別法は一般法に優先する」の原則がありますから、「国は、原則借金をしてはいけない」という一般法である財政法の財政均衡義務は、特別法の「特例公債法」によって、完全に有名無実化してしまったのです。

さらに2015年の秋の臨時国会で、政府は「特例公債法」を3年から5年に自動的に延長できる法律を作ってしまったのです。とんでもない！ことです。

昔、電車の運転手が「過密ダイヤでATS（自動列車停止装置）がしょっちゅう鳴り、うるさくてしょうがない」と電源を切っていました。その結果、警戒警報が鳴らず、運転手の注意不足による追突事故を起こしたというニュースがあったと記憶していますが、これらの法律改正は、まさにATSの電源を切ったに等しいものです。

たしかに、この法案は、過去に菅直人元首相や野田佳彦元首相を退陣に追い込みました。1年ごとの「特例公債法案」を通すために、首相が首を差し出したのです。

しかし、この法律は「ばら撒き」に歯止めをかけ、「累積赤字の増大を止める」最後の砦だったのです。財政破綻後の国民の苦汁と比べれば、首相が毎年変わることなどマイナーな問題です。財政再建に真剣に取り組めない首相など1年で交代すべきだとさえ私は思うのです。「特例公債法案」のプレッシャーこそが、首相を財政再建に駆り立てる。抜本的解決ができないから警戒警報のスイッチを切ってしまい、一時的に安心感を得ようとするとは、日本の財政状況と政治は末期的であると私は思います。


ゴールデンレトリバーは人懐こくて誰にでもなつくが、家族に順位付けをする。愛犬クーにとってはアヤコが一番、長男けんたは、いつもお尻を噛まれていた。

アヤコいわく、

「犬だけは騙せないわね〜。人間は肩書でごまかせるけど」

ごまかしといえば、特例公債法の自動延長がその代表例だ。

日本は先人の知恵を無視した②

財政法の第五条は、国債の引き受け禁止規定です。

引き受けとは、政府のお金が足りなくなったとき、国債と交換に、日銀から新しく刷ったお金を引き取ることです。「日銀」対「政府」の直接取引です。これをやれば、政府はいくらでもお金を使えます。日銀が政府の打ち出の小槌となるのです。

財政規律は消滅します。ですから、多くの先進国で禁止されているのです。

たしかに日本政府は、この引き受けをしていません。しかし、本書で何度もご説明したよう

日銀は「国債の引き受け」をしている

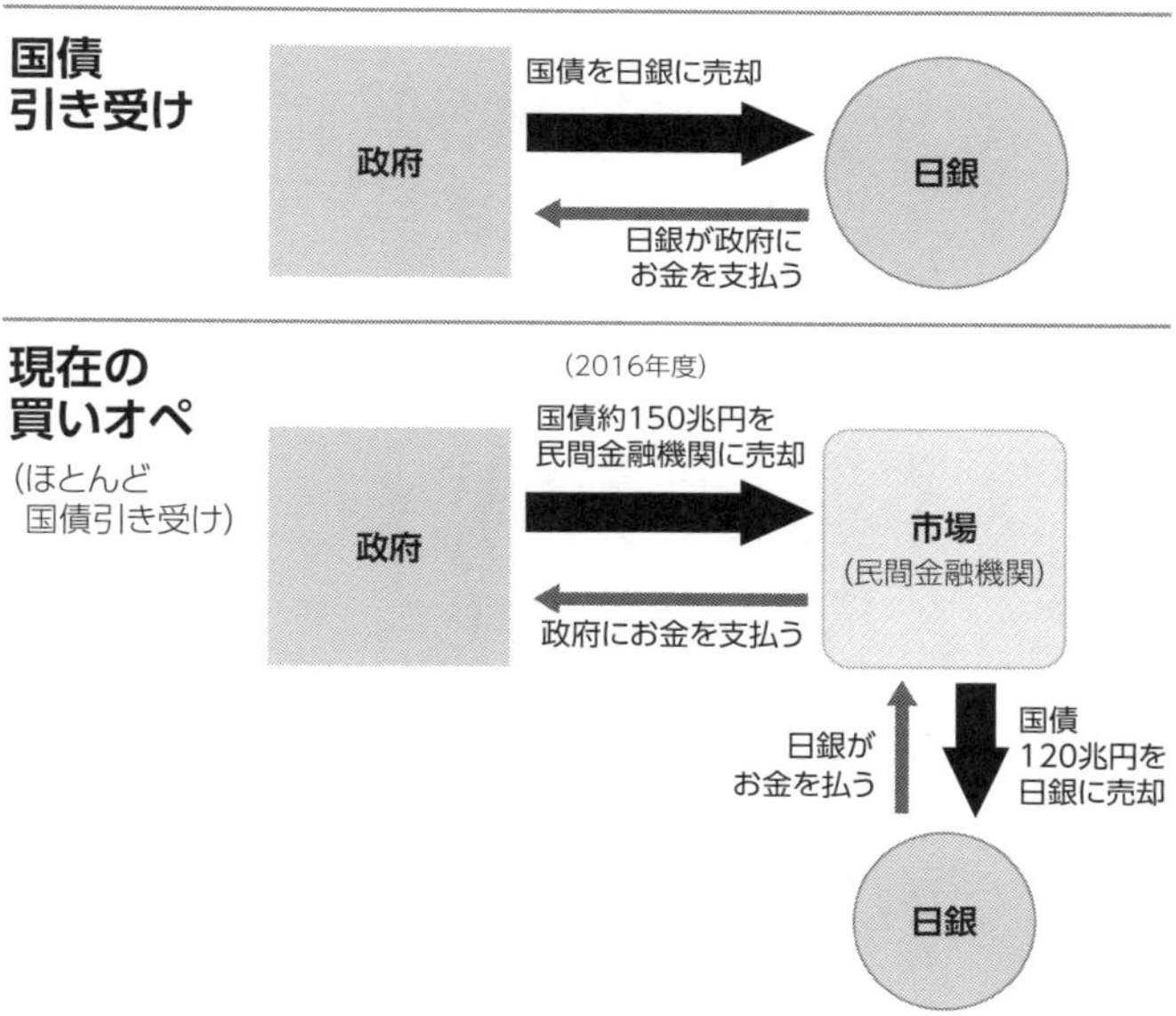

に、現在政府は約１５０兆円の国債（新発債＋借換債）を、入札（入札者は民間の金融機関）により、市場に売りさばいていますが、そのうち日銀が１２０兆円も買うのです。売り出した金額の80％相当分を日銀が買っているのです（上の図参照）。

　入札に参加する民間金融機関は、日銀にすぐ転売するために買っているといわれています。マイナス金利になっても入札者が大量にいたのは、そのせいです。**国債をマイナスで手に入れようが、より高い価格**（よりマイナス幅の大きい金利）**で日銀に売却できれば、利**

ざやが抜けるからです。

これを「マネタイゼーション（中央銀行が紙幣を刷って政府の資金繰りを援助すること。別名、財政ファイナンス）」といわずに何というのでしょう。

「マネタイゼーションを行うと、悪性のインフレを引き起こす恐れがある」と経済学上では考えられています。

海上自衛隊が船舶用燃料を買うたびに、日銀が紙幣を刷って産油国に渡していたら、「産油国は、そんな紙幣と交換に、いつまで石油を売ってくれるだろうか？」と考えていただければ、その意味はすぐ理解できると思います。

だからこそ、先進諸国ではマネタイゼーションを制度的に禁止しているし、日本でも財政法第五条で、マネタイゼーションである「日銀の国債引き受け」を禁止しているのです。

この点を、私は参議院財政金融委員会で麻生財務大臣に質問しました。大臣は「この異次元の質的量的緩和は、デフレから脱却するためにやっているのだから引き受けではない」とお答えになりました。しかし「引き受けか否か」は「目的」で決めるのではありません。「行為」で決めるのです。

今「日銀がやっていること」と「引き受け」は、サッカーでいえば「間接フリーキックでのゴール」か「直接フリーキックでのゴール」かの違いにすぎません。ゴールはゴールです。このように日銀は、財政法第五条を堂々と無視しているのです。

※日本は先人の知恵を無視した③

日銀は「発行券ルール」という自主ルールを作っていました。「保有する長期国債の額」を「市中に出回るお札の発行残高以下」に抑えるというルールで、長期国債の過剰購入を抑えるためのルールでした。自主ルールとはいえ、このルールも一時休止されてしまいました。

以上のように、ハイパーインフレを二度と起こすまいと先人が定めた知恵は、すべて無視されてしまったのです。これも、財政赤字がこれほどまでに拡大した理由の一つです。

※市場原理の働かない機関が跋扈している

政治が財政赤字の極大化を防止できなくても、市場原理の働く真の資本主義国家ならば、市場が防止してくれます。

財政出動やばら撒きを行うと、市場が「長期金利の上昇」という警戒警報を鳴らしてくれるからです。「政治家さんよ、橋や道路を作ったり、商品券をばら撒いて景気対策をするのはいいでしょう。しかし、その財源のために国債を乱発すると、国債の供給過多で国債の価格は下がりますよ（＝利回りは上昇）。それは景気に悪影響ですけど、それでもいいんですか？」と警告してくれるのです。

しかし日本では、市場原理の働かない（＝長期金利のレベルに関係なく国債を購入する）機関が国債市場で跋扈しています。その機関とは、昔は旧大蔵省資金運用部、郵貯、近くはゆうちょ銀行、そして最近では日銀です。彼らは価格に関係なく国債を購入します。

米銀が、ほぼゼロ金利の日本国債などを買ったら、株主から叱責を受けます。「君らには高い給料を払っているのに、ゼロ金利の国債など買って何をしているんだ!? 海外のＧＤＰが伸びている国などに投資して、もっと高いリターンを狙え」と。

しかし、資金運用部、郵貯、日銀などにとっては利回りはどうでもいいのです。以前のゆうちょ銀行は、海外投資が禁止されていたという理由もありますが、高い利回りなど求めていなかったのです。準公務員は「損しなければいい」という発想で、いくら利回りが低くても、国債を購入し続けたのです。

現在の日銀など、その最たるものです。日銀は国債購入で儲けようなどとは微塵も思っていません。それが目的ではないからです。したがって、国債がどんな利回りでも何の抵抗もなく買っているのです。これでは市場の警戒警報が鳴るわけがありません。

参議院の財政金融委員会で麻生財務大臣が、「日本の国債利回りは著しく低い。こんなに国債が発行されているのに利回りが極めて低いのは、経済学者でも理由がわからない。日本国債は信用されているのだ」とおっしゃったことがあります。

「冗談じゃあない」と思いました。**国債の利回りが低いのは、単に日銀が市場原理と関係なく、爆買いしているから。「日銀が購入をやめれば、価格は暴落だ**（＝金利暴騰）」と思いました。

本来ならば、累積赤字が膨らめば、長期金利が上昇し、市場が警告を与えるのに、市場原理の働かない参加者のせいで警報が鳴らなかった（＝長期金利が上昇しなかった）のです。

日本人の嫌いな（皮肉です！）市場原理が働かなかったことで、日本の財政赤字は極限まで膨れ上がってしまったのです。市場原理は偉大なのです。

もう10年近く前になるが、日中友好目的の団体の依頼で、中国・天津の大学に1週間、「デリバティブ」の授業をしに行ったことがある。通訳付きの授業には辟易したが、空港に迎えに来てくれた通訳の方の日本語のうまさには驚いた。ほんの数年前まで北京放送で、日本に向け「日本帝国主義は――」と情宣活動放送をしていたからだそうだ。その人が、資本主義信奉者の私の通訳をするのだから、中国も変わったものだとしみじみ思った。

中国は急速に資本主義を取り入れている。当時、私の周りの欧米人がよく言っていたジョーク（？）は、「日本人が中国人に『だから社会主義では駄目なんだ』と言ったところ、中国人から『あんたの国からだけは言われたくない』と反論された」というものだ。日本駐在の欧米人が「日本は世界最大の社会主義国家だ」と言っているのを、私はモルガン銀行勤務時代に耳にタコができるほど聞いた。「日本は市場原理の働かない社会主義国家だ」と私も思う。

※元日銀理事・山本謙三さんのコメント

私が尊敬する元日銀理事の山本謙三氏（現株式会社NTTデータ経営研究所取締役会長）は定期的にコラムを書かれていますが、前項に関して的確な文章があります。

「これほどの大規模で日銀が国債購入を続けている結果、もはや、国債の発行に市場の篩《ふるい》はかからない。本来の市場メカニズムであれば、財政に対する市場参加者の厳しい評価を通じて、国債の金利が変動し、その結果財政支出や税収に改善圧力がかかることが期待される。

しかし、国債の発行直後から、日銀が市場でただちに買いに向かってくる。そのことがわかっている以上、金融機関は、財政や経済の将来をほとんど考慮することなく、ごく短期の『さや抜き』を意識して入札に参加する。これでは、市場メカニズムは働かない。

さらに本年初頭にマイナス金利政策が導入されたことで、多くの国債がゼロ近傍ないしマイナス金利で発行されるようになった。日本国債は、あたかも満期付きの『政府紙幣』（無利子の政府債務証書）のような状態にある。
中央銀行による国債の引き受けであれ、政府による政府紙幣の発行であれ、法律上禁止されている（ないしは法律上予定されていない）のは、財政に対する市場の監視機能が損なわれ、財政規律を失わせるおそれがきわめて強いからだ。財政規律の行方からますます目が離せない」

ちなみに山本さんが定期的に書いているコラムは、http://www.keieiken.co.jp/pub/yamamoto/index.html です。情報は、山本さんのような金融のプロ中のプロから取るべきです。俗論に騙されてはいけません。

金融とは実務である。だからこそ私は、総理大臣は金融政策・財政政策のブレーンに、学者でも財務省ＯＢでもなく、日銀ＯＢを採用すべきだと思っている。

財務省ＯＢは頭もよく、極めて優秀だ。しかし彼らは立法マンなのだ。一方、日銀マンは頭がよいうえに実務に精通している。実務とは、別に事務のことをいっているのではない。金の流れの仕組みであり、金の流れの変化に対する経済へのインパクトである。日銀ＯＢはそういうことを肌身でわかっている。このコラムの直前で取り上げた山本謙三元日銀理事などその典型だ。

総理はスーパーマンではないのだから、経済がわかっているとは限らないし、わかっていなくてもよい。しかし、ブレーン選びは大切だ。ブレーンに最適なのは、本を書いたりして一般大衆に名が売れている人でもなければ、ＴＶによくでるコメンテーターでもない。金融業界で評価を受けている人だ。プロが評価をしている人を選べということだ。

その点、米国の財務長官は、金融界出身者がなることが多い。彼らは金融界で誰の評価が高いか熟知している。だから適切なブレーンを選び、金融・財政政策に間違いを起こさないのだ。

かなり昔、「日本のリーダーたちは経済・金融の知識がないうえに、英語も話せないから、丁々発止の（金融関係の）国際会議にでても、国益を守ることも世界経済に貢献することもできないだろう。何せ相手は、経済・金融のプロ中のプロだ」と友人の外国人に言ったら、彼いわく、「え、日本ではそんな人がリーダーなの!?　英語がしゃべれないから会議で黙っているのかと思っていた。うん、でも、待てよ、それはよかった。英語がしゃべれたら、経済・金融知識が全くないことが露呈して馬鹿にされていただろう」と。なるほど〜。

これもかなり昔。前職時代に当時の米国財務長官の部下だったという日本人から話を聞いた。いわく、「財務長官の携帯を見せてもらった。各国数人ずつの重鎮の名前がアドレス帳の中に入っていた。ところが日本人の名前は一人もなかった」と。「日本の経済力はそんなにも落ちたのか？　重要事態が起きても相談することも不必要になったのか」と嘆いたら、「そうではない」とのこと。「日本人は携帯に英語での電話が入ったら驚いてしまうでしょ」と。

これも、なるほど～。そういえば米国大統領が来日した際、「How are you?」と言うべきところを「Who are You?」と言ってしまった重鎮がいたと聞いたことがあるものな～。

私もやりそうな間違いだけど。

「（元日銀理事の）稲葉君とは恋のライバル。中学三年の図書委員のときに、年下の女生徒をめぐって火花を散らした（と私は思っている）。

二人とも片思いに終わったが、この恋はその後のディーラー生活の糧となった。ラブレターを書いて自分をプレゼンテーションすることを学び、逆境に耐える術も知った。

私の結婚直前に彼女に会ったとき、『若いころはあなたのよさがわからなくてごめんなさい』との言葉を頂いた。努力はいつか報われる――。この気持ちもディーラーには欠かせな

い」(1999年2月16日の日経金融新聞に書いたコラムより)
絶えず挑戦することも、ディーラーには欠かせない。私は、絶えず最高級の女性にチャレンジし続けた。失敗が続いたが挫けなかった。だから最後にはアヤコをゲットできた(おのろけ)。

ゆうちょ銀行の問題点とは

「ゆうちょ銀行は早期に完全民営化すべきだ」とは私の長年の主張ですが、それとは別に、ゆうちょ銀行は今、大きな問題を抱えています。

マイナス金利政策の導入で、銀行の経営不振懸念がでて、銀行株が大幅に下落したのは、ご存知だと思います。これが株式市場全体の足を引っ張りました。マイナス金利政策の導入で、最も心配されたのがゆうちょ銀行です。資産の半分弱が国債だからです。

ゆうちょ銀行は2015年11月4日に上場し、幅広く国民に株を持ってもらいましたが、株主の大多数が損をしている状況にあると推測されます(公募価格は1450円、2015年11月4日の初値は1680円、2015年11月5日は1823円、2016年10月20日の終値は1201円)。

ゆうちょ銀行の株主が損をしているだけなら、自己責任ですから問題はさほど大きいとは思いませんが、「経営不振問題」が今後表面化してくれれば、大変大きな問題です。世界最大の銀行の経営不振ともなれば、株式市場全体に悪影響を与えますし、「なんであの時期に売り出したのだ」と、ゆうちょ銀行株を購入した国民の怒りが爆発するかもしれません。「アベノミクスの成果は株価で測れる」と発言した安倍首相の足をもすくいかねません。

ゆうちょ銀行は一時、資産の88％を国債で運用していましたが、日銀の「異次元の量的緩和」のおかげで、急速に国債保有額を減らしました（＝日銀に売りつけた）。

しかしながら、現在でも全資産の45％ほどは国債です。社債を含めた有価証券投資は、今でも全資産の75％にものぼります。

ちなみに三井住友ファイナンスグループの有価証券保有額は、全資産の14％にすぎず（国債はその半分程度でしょうか？）、資産の主力は貸付金です。貸付金の利回りは、国債よりもはるかに高いのです。「預金金利はマイナスにしない」（黒田総裁と安倍首相の発言）のに、10年国債までマイナス金利となった状態が今後、長く続くと、**国債保有、社債保有が主体のゆうちょ銀行は、「運用はマイナス金利、調達はゼロまたはプラス金利」となってしまいます**（当面は保有国債の値上がり益がでますが、その後が大変です）。

少し前から「今後の民間銀行の生きる道は『海外インフラ投資』と『クレジットリスク（信用リスク）の深追い』」と言われており、他行はそちらに走っていましたが、「ゆうちょ銀行」

はこの分野には進出していません。いまさら進出しようにも、残っているのは「他行の食べ残し案件」しかありません。

このような事態になれば、「なるべく預金受け入れ額を減らし、損失の垂れ流しを防ぐ」ことが不振からの脱却手段のはずですが、政権は預金限度額を1000万円から1300万円に上げました。能天気としかいいようがありません（私が民間銀行の経営者であれば、プラス金利の預金預かりをなるべく制限し、マイナス金利の市場からの資金調達に切り替えさせます）。

ちなみに私は、「2016年9月の総括的検証で、日銀は長期日本国債の購入額を減じて、米国債の購入に切り替える」と予想していたのですが、その理由の一つは、このゆうちょ銀行問題です。ゆうちょ銀行をいつまでも経営不振のままにさせておくわけがありません。長期金利を上げて、ゆうちょ銀行が儲かる仕組みに戻すはずです。

だからこそ日銀は、「長期の日本国債の購入減額、米国債の購入」を遅かれ早かれ始めると思うのです。

第21章
マネーを守るためにもドルを買え！

※日本の財政状況を理解せよ

本書により、皆さんには日本の財政がいかに危険な状況にあるかを理解していただけたかと思います。そうすればハードランディングがやってきても、冷静に対処できます。全く予想できないことが突然起きると、人間は動転し、茫然自失となってしまいます。

第2次世界大戦直後、日本人が自暴自棄にならなかったのは、日に日に日本が再興していることを実感できたからです。将来の展望が描けたからです。

この本を読まれた方は、ハードランディングが起きても、そのときに起こる大幅円安のおかげで、いずれは経済が立ち直っていくことが予想できるはずです。

そうなれば自暴自棄になることもないのです。力強く困難期を生き抜いていけるはずです。

そして、ハードランディングへの準備も、最低限できるはずです。

そのためにはまず、今の財政が非常に厳しいという認識が不可欠なのです。

この章ではその認識のうえに立って、どのような準備が必要かについて述べたいと思います。
まず財産の運用には、「保険をかける」という心がまえを持つことが重要だと思います。
これだけ財政赤字がたまっていて、いつハードランディングが起こるかわからないのです。

今は儲けを狙う時期ではなく、資産を守る時期だと思います。

火事が起こる可能性が1~2%ならば、火災保険をかけないのも見識ですが、火事の起こる確率が10~20%はあるのならば、保険をかけるのが賢明だと思います。火事が起こらなくて火災保険料を損したと怒る人はいません。たとえ保険料を損したとしても、火事が起こらなければ万々歳なのです。そして火事に相当するのは**財政破綻、またはハイパーインフレ**です。

その事態に対して保険になるのは、ドル資産だと思います。保険をかけるのならば、最強の保険会社（国）を選んだほうがいいでしょう。米国は軍事的にも政治的にも経済的にも、最強国家です。その国の通貨を持つのが王道だと私は思います。

もし私がこの本で論じた事態が起こらないのなら、それは大変うれしいことです。私だって自分の予想がはずれてほしいと強く思います。

しかし、その場合、日本経済は強くなっているわけですから、円高が進行し、1ドル＝100円で買ったドルが1ドル＝80円に下落し、20円損をしているでしょう。

ですが、それはいいではないですか。仕事を失わず、年金も安全で、円預金も無事、株もO

Kなのです。1ドルあたり20円の損は火災保険料に相当すると思います。

一方、私の予想が不幸にして当たった場合は悲惨です。仕事を失い、円預金を失い、年金も消滅してしまいます。月給や年金支給額はハイパーインフレで毎月上がるかもしれませんが、パンの値段は毎時間上がっていきます。月給をもらい、今日、明日はパンを買えても、明後日になれば、そのお金も残っていないかもしれません。生命の危機です。

政府に期待しても、こういうときは政府自身が一番危ないのです。このとき、1ドル＝100円で買ったドルを持っていれば、1ドル＝1000円などに値上がりして、助けてくれます。まさにドルは火災保険に相当するのです。

今夏ハワイのホテルをチェックアウトする際、眼鏡をはずして、じっくりと請求書を精査した。現地の習慣にならったのだが、なんと、エ、エ、エ? 前日の食事代が1万2000ドル（約125万円）とあるではないか。当然、文句を言ったら、即座に訂正してくれた。そりゃそうだろう、アヤコと2人で一晩で125万円も食べたら、間違いなく、お腹はパンクしているか、それとも美食すぎて痛風を発症する。

どうも他人の結婚披露宴のチャージが紛れ込んでいたらしい。米国人がサインをする前に、レストランやホテルで食い入るように請求書を精査する理由を、身をもって理解することができた。他人任せではいけない。自分のことは自分できちんと守らなければならない。

青春時代、武者小路実篤の作品が大好きだった。中学・高校と一人の女の子にふられっぱなしだった私は、彼の「一人の美しい女がいた　3人の男がその女を恋した　一人の男がその夫になった　一人の男は堕落した　あとの一人は詩人になった　その人の名をダンテと云った」という詩で自分を鼓舞した。そうしなければ自分があまりに哀れだったからだ。

もう一つ好きだったのが、「大きな木を　全部的に見ろ　そこにある　虫葉ばかりを捜し出すな　こら小僧」だった。これを人生の指針に生きてきたが、この詩の諫《いさ》めは、ディーラーになってからは、よりいっそう役立った。個人の資産運用にとっても重要な教えだ。

以下、中・高の同級生で、生物オタクのキムラ薬学博士から聞いた話だ。彼によると、ソメイヨシノがきれいなのは、いっせいに咲くからだ。

いっせいに咲くのは、ソメイヨシノが種子では増えず、すべて接木《つぎき》など人の手を借りて増えたからだそうだ。クローンだから同じ時期に花をつけるので、人間からすると「きれいでいい」ということになるのだが、生物学的に見ると、極めて高いリスクを背負った樹木らしい。開花時に災害や病虫害で一網打尽にやられ、全滅の恐れもあるからだという。ソメイヨシノも、おのれ自身のことを考えると、花を分散して咲かせたほうがいいのだ。

私が円に集中投資するのではなく、「ドルに〝分散投資〟をしろ」と勧める理由と同じだ。危機への対処を真剣に考えたほうがよい。

❋英語を学ぶのも保険の一つ

この時期に英語を学んでおくことも重要です。韓国は1997年のアジア通貨危機の際、「あの国は地獄を見た」とか「あの国は終わりだ」とも言われました。その一方で、「英語を話せないと外資系企業に勤められない」とか「外資系に勤めなければ給料が低く、結婚もできない」とも言われていました。

危機があると、通貨は大幅下落します。韓国ウォンも、一時3分の1強に下がりました（1ドル＝80円が、1ドル＝200円になったイメージです）。こうなると、輸出企業や外資系企業が活躍し始めます。こういう会社に勤めるには英語能力が必要だということです。日本もハードランディング時に大幅な円安が見込まれます。そのときに生き延びられるのは、安い円を武器に世界と戦っていける企業です。

私が米国に留学した1978年から80年、世界で一番英語が下手なのは日本人と韓国人だという印象を持っていました。ところが韓国人の英語力は通貨危機以降、急速に伸びました。TOEFL®などの英語能力試験の結果は、今では韓国のほうが日本よりはるかに上のはずです。まさに英語の必要性が、韓国人の英語力を高めたということでしょう。

その意味で、**まだまだ円が強い時期に、強い円を使って自分自身や子供たちを海外留学させて英語力をつけさせておくのも、今後、成功する方法の一つだと思います。**英語はご自身の財産保全にも役立ちます。

これからインフレに備えるには、国内金融機関で米ドルのMMF（マネー・マーケット・ファンド）を購入しておけばいいと思います。詳細は後で書きます。

実際にハイパーインフレになった後は、いつかは預金封鎖や新券発行などが起きるかもしれませんから、その対策として物理的に資金を海外に逃避させねばならないときが来るかもしれません。そのときに英語ができないと、国外に銀行口座を開くのも大変です。

海外不動産を買うにも海外税理士とのコンタクトが必要ですし、様々な英語の書類が舞い込んできます。米国は簡単に裁判をする国ですから、突然裁判に巻き込まれたりもします。裁判自体は怖がる必要はなくても、弁護士と話をしなくてはならなくなります。英語ができないと、そのようなことに対処ができないのです。

ところで、識者からよく「最近の日本の若者は草食系だ。海外に留学しようとか外資に勤めようとかいうガッツのある若者がいなくなった。日本人の思考が変わった」との嘆きの声を聞きます。私はそんなことはないと思います。若者が海外にチャレンジしないのは、円高だからにすぎないと思っています。

たとえば、米系企業勤めや米国の日系企業勤めで年俸4万ドルをもらうとしましょう。1ドル＝100円のときなら日本円にして400万円にしかなりません。日本での給料とそうは変わらないのなら、苦労して外資で働いたり、NYで働こうとは思わないでしょう。しかし1ドル＝1000円の時代なら、4万ドルの年俸は4000万円になります。1年働いて帰国すれば、日本で家が建ってしまいます。

私は三井信託銀行ロンドン支店に1982年から85年まで勤めていましたが、当時から数代前の支店長は、ロンドンでもらったポンド建て給料を全く使わずに日本に持ち帰り、帰国してから豪邸を建てたと聞いたことがあります。現在1ポンド＝約127円（2016年10月20日時点）ですが、当時は900円近くもしたのです。そんなに強いポンドを日本に持ち帰れば、日本で家が建つのも道理です。それと同じことが起きるのです。米国に渡ろう、留学して英語力を高め、NYで働こうという肉食系の若者は、円安になれば即座に現れると思います。

※企業はソフトバンクの海外買収を見習え

ソフトバンクグループが7月18日に、英国の半導体設計大手アーム・ホールディングスを約240億ポンド（約3兆3000億円）で買収すると発表しました。日本企業による海外企業の買収金額としては、過去最大となるそうです。さすが！　と思いました。

英国がEUから離脱する前に、評論家の大半は「英国がEU離脱を決めれば、英国経済の不透明感からM&A（合併・買収）は一定期間途絶する」と予想していましたが、それとは真逆の行動をソフトバンクは取ったわけです。

ソフトバンクの動きは、ポンド安により英国経済の好転が見込めること、そして外国企業が英国企業や英国不動産を安く買えるようになったことに起因していると思われます。

「英国がEUから離脱すれば、景気が大幅に悪化する」という評論家の予想は、為替のレベルを含む与件が一定のもとでの話だと思います。離脱すればポンド安が進行し、英国経済はかえって好転するのではないかと思い、週刊朝日の私のコラムやブログ「藤巻プロパガンダ」（https://www.fujimaki-japan.com/takeshi）にそう書いてきました。今回のソフトバンクの買収は、私の見方に正当性を与えてくれるような動きだと思います。私の推薦するドル投資ではなかったのですが、海外企業を買収する行為は、外国資産を買うのと同義です。目先のきく経営者は円に固執せず、円が強い現在、盛んに海外企業の吸収合併・海外投資を進めています。論理的に考えているか否かは別として、多くの経営者は、円だけで資産を持つことに感覚的に恐怖を感じているのではないかと思います。

企業はもちろん、個人も真似すべきだと思います。

ところで日本企業の「積み上がった内部留保」がよく話題にのぼりますが、大手企業の関心は「日本人への賃上げ」ではなく、「外国企業の買収」だろうと思います。それが企業人としての合理的判断だからです。

当然、内部留保は後者に使うでしょう。円が強く外国企業の絶好の買い時だからです。政府が内部留保を賃上げに回させたいのなら、円安政策を取らなければ無理なのです。

円安になれば、日本企業にとって外国人労働力が高くなりすぎるので、日本人を雇おうと、工場は日本に戻ってきます。為替で安くなった日本人労働力を求めて、外資系企業も日本に進出してくるでしょう。すると、日本人労働力への需要が増えます。給料も需要と供給の関係で上がるでしょう。政府の命令なんぞで企業の給料水準を大きく動かすことはできないのです。

十数年前だったかロンドン旅行をしたとき、旧交を温めようと、郊外にあるヘッジファンドのニュージーランド人オーナーの別荘を家内と訪れた。「英国経済の動向を考えると英国不動産価格はこれからも上昇を続けるぞ。タケシも買わないか？」と誘われた。
しかし、潜水艦とヘリポートを持ちヨットの設計図を描いている人の隣に住んだら、自分がみじめになるだけではないか？と思い、「ええ！別荘？滅相《めっそう》もございません」とお断りした。
だが、この二十数年間、英国経済を反映して、英国不動産価格（英ポンドベース）は数倍に上昇している。あ～あ、残念！

※円は避難通貨ではない！

円は避難通貨だといわれ、何か事があるたびに買われます。しかし、円は本当に避難通貨なのでしょうか？ **私は市場が思考停止状態で、パブロフの犬的に「何か事件が起こる」→「円買い」と反応しているにすぎないと思っています。**

それも外国人が反応して円買いをしているというより、国内投資家がヘッジなしで行ってきた外債投資に、過剰反応でヘッジ用のドル先物売りをしてしまうにすぎないと思っています。

といいますのも、この2～3年は円安傾向が続き、機関投資家がヘッジなしの外債投資をしてきました。ヘッジをすると理論上、円での投資と同じ利回りしか得られませんから、利回りを考えて、ヘッジなしの投資を増やしたのです。

ただ皆さん、初めてに近い経験なので、こわごわとした投資となります。何かがあると、すぐヘッジをかけてしまう。それが2016年に入ってからの円高の理由だと思います。何か事があると、それらの投資家がヘッジに逃げ込んだという現象だったと思うのです。

いずれまた円安傾向がはっきりすると、このヘッジをはずすと思います。そうすると今度は、これまでの反対取引である先物のドル買い（＝ドル売りヘッジの解消）がドドーッと起こると思うのです。ドルの先物買いは、直物のドル買いを伴います（詳細は『藤巻健史の実践・金融マーケット集中講義』〈光文社新書〉をご覧ください）。

円は、決して避難通貨ではありません。それどころか、危険通貨です。その認識を頭に強く刷り込んでおかないと、肝心なときに、間違った行動を取ってしまうと思うのです。

英国のEU離脱判明後の6月24日、日経平均株価は7・9％も下落しました。イタリア（12・4％）、スペイン（12・3％）と、より大きく下落した株式市場はあるものの、主要市場の中では最大です。

日本は、ドイツの6・8％、米国の3・3％、ましてや当事者英国の3・1％よりはるかに大きく下落したのです。離脱判明時に開いていた主要証券市場は日本だけだったから、と言わないでください。香港株は2・9％、上海株は1・2％しか下落していないのです。

日本の株価急落の原因は、円が「避難通貨」と盲信されているせいで、英国のEU離脱が円

日本はたった12%しか上昇していない

	日本	米国	英国	フランス	上海	ハンセン(香港)
2016年最安値	14,952 (2016.2.11)	15,660 (2016.2.11)	5,536 (2016.2.11)	3,896 (2016.2.11)	2,655 (2016.1.28)	18,319 (2016.2.12)
2016年9月23日	16,754	18,261	6,909	4,488	3,275	23,686
上昇率	1.12	1.17	1.25	1.15	1.23	1.29

の急騰を引き起こしたからでしょう。

１９８５年から90年のバブル期の経済狂乱ぶりは、資産効果でしか説明できないと前に述べましたが、円高で、その真逆の動きが連想されたのです。

株価が下落すると、資産効果の逆回転が起きます。逆資産効果です。円高は企業業績に多大な悪影響があります。ですから、株価は下落するのです。そこで円高による「逆資産効果」が連想されたがゆえに、日本株はさらに大きく下落したのだと思います。

このように「何かがあると、日本株が主要市場で最も下落する」のは、何も今回に限ったことではありません。リーマン・ショックのときもそうでしたし、２０１６年初めの「原油下落と中国危機」に起因した「世界経済不安」のときもそうでした。

そして、**なぜか株価の戻りは、いつも世界で最も遅いのです。**

多くの国の株価は「原油下落と中国危機」に起因した「世界経済不安」により、２０１６年の２月もしくは１月下旬に最安値をつけました。２０１６年９月23日時点で、その最安値からどの程度回復したかを見ると、やはり日本が主要国で最低の回復力なのです（前頁の図参照）。**問題の発生源である中国株は23％、英国株は25％も回復しているのに、日本はたったの12％の回復です。日本株は大きく値が下がったうえに、小さくしか回復していないのです。**

日本人が海外に投資していたお金を国内に戻したり、海外投資家が日本に資金を移して、日本株に投資をしていたら、一番損をしたことになります。そのような国の通貨を「避難通貨」と呼ぶのでしょうか？「損失被り通貨」と呼ぶのが正しいと思います。

この30年間で、名目ＧＤＰにおいて米国は４・１倍、英国は４・９倍、韓国は17・８倍、シンガポールは９・８倍、中国は75倍と拡大しているのに、日本はたったの１・５倍にしか拡大していないことは最初のほうで述べました。

名目ＧＤＰが伸びなければ、株価など上がるわけはないのです。ＮＹダウは30年前と比べて10倍になっているのに、日経平均は10％のダウンなのです。

また、「より安全に」と思って債券投資をしていたとしても、利回りが一番低かったのは日本の債券です。名目ＧＤＰが伸びていなかった、すなわち国に力がなかったのですから、債券利回りが低くて当たり前です。「避難通貨」だからといって避難させてみたら、世界で一番リターンが悪かったのです。日本円は「避難通貨」どころか「高利回り回避」通貨ともいえます。

世界最悪の状況にもかかわらず、日銀が打ち出の小槌で紙幣を毎日振り出しているがゆえに、政府がなんとか「資金繰り倒産」を回避できている国の通貨が、「避難通貨」といえるのでしょうか？「避難通貨」どころか「危険通貨」だと私は思います。

昔、ロンドン在住の友人が「英国は安全で安心して暮らせるいい国だ。あるのはIRAのテロだけだ」と言っていた。IRAとはアイルランド共和軍の通称で、対英テロ闘争を行っていた武装組織である。そのテロに、皆が戦々恐々としていたときのジョーク（？）だ。「普段安全でも、一発テロがあったらおしまいではないか。それなのに安全な国などとよく言えるよ」という話だ。実際、私が勤務していた邦銀の入っていたビルは、帰国から数年後にテロで爆破され、「そこで働いていたら……」とギョッとしながらニュースを聞いたものだ。

その論でいけば、「日本は資産を避難させるにはもってこいの、いい国だ。リスクといえば、財政破綻で財産をすべて失ってしまうことしかない」となる。

❖ドルこそが最強である

英国のEU離脱決定後、日米欧の主要中央銀行が、金融市場へのドル資金緊急供給の検討を始めました。各国・地域でドル不足が起きることを危惧したからです。何か事が起きれば、世界中がドルを必要とするのです。そう考えれば、円ではなく、ドルこそが「避難通貨」なのは自明です。それなのに何かがあると、避難通貨のドル売りが起き、円高／ドル安が起きます。
２０１６年８月10日の日経新聞に、「ドル不足懸念再燃、銀行間金利７年ぶり高水準、米ＭＦ新規制控え、邦銀の調達にも影響」というタイトルの記事が載っています。

「国際金融市場で、ドルが足りなくなるのではないかとの懸念が再び強まっている。市場に出回るドルが減っており、短期市場で金融機関がドルを借りる際の金利は、足元でリーマン・ショック後の混乱が続いていた２００９年以来、７年ぶりの高水準に上昇した。背景にはドルで運用する金融商品を対象にした米国の規制強化があり、邦銀も警戒を強めている」という内容ですが、これこそ「ドルが避難通貨」であることの証左となる記事です。

このようなドル不足が続くと、「円安／ドル高」を後押しすることになると思います。

日本の機関投資家は、裸のドル投資（＝ドルの先物ヘッジなしのドル商品投資）を増やしているとはいえ、まだまだ為替のリスクを取りたがらない機関投資家も多いのです。

一つには、会計の問題（為替は時価評価）があると思っています。つまり、為替リスクを嫌う投資家が、ドル投資をする場合、その原資としてドル市場から短期資金を借りる可能性があります。為替リスクを取らず、ドルの長短金利差だけを稼ごうという魂胆です。

ドル不足によりドルの短期金利が上昇すると、調達金利が高騰し、逆ざやが予想されます。

そうなると逆ざや回避には2つの方策しかありません。持っているドル資産を売却してしまうのが一つの方法。ちなみにこの場合、ドル資産を売却しても円高／ドル安は起こりません。短期資金をドルで借りているからです。そのドルを今後は借りなくなるだけです。

もう一つの回避策は、高くなったドルの短期資金を今後は借りずに、円を売ってドル資金を作ることです。そうすれば、もうドルの短期資金を借りる必要はなくなります。これも円安／ドル高要因となります。

なぜハイパーインフレになると円が暴落するのか

日本で財政破綻が起これば、大幅な円安が進むのは自明だと思います。財政破綻した国の通貨など世界中の誰もほしくないからです。貿易の対価として、破産した国の通貨など受け取りたい人は誰もいません。

それではハイパーインフレになったとき、「円が暴落する」理由を説明しましょう。

ハイパーインフレになれば、お金の価値が激減するので、1万円札ではほとんどのモノが買えなくなります。お金とは、日本ではドルでもユーロでもなく、円です。したがって「お金の価値がなくなる」とは、「円の価値がなくなる」ということです。

次に「購買力平価説」の観点から説明をしましょう。

円が暴落するとタクシー初乗り（2㎞）はどうなる？

東京	ニューヨーク	
700円	7ドル	**1ドル=100円**
7,000円	7ドル	**1ドル=1,000円**
70,000円	7ドル	**1ドル=10,000円**

購買力平価説というのは「どの国の財、サービスも同じ価値を持つように為替レートが決まる」という説です。

「マクドナルド平価説」というのを聞いた方も多いと思いますが、あれも「購買力平価説」の一種です。

上の図を見てください。

東京のタクシー初乗り料金２kmを７００円としましょう。ＮＹのタクシーの初乗り２kmは、（最近ＮＹに行っていないのでどのくらいか見当がつきませんが）チップも込みで7ドルだとします。「７００円と7ドルが等しくなるように為替レートが決まる」のが購買力平価説ですから、７ドル×Ｘ＝７００円で、このＸは１００円になるのです。もしＮＹのタクシー料金が変わらず、東京のタクシー料金が２km、７０００円と上昇すれば、１ドル＝１０００円、東京のタクシー料金が２km、７万円になれば、１ドル＝１万円となります。１９２３年のドイツみたいに、１月に初乗り７００円だったものが、12月に1兆１０００億円に上昇したようなハイパーインフレですと、１ドル＝１５７０億円と、想像もつかないような為替レートになるわけです。

ドルのMMFを私はお勧めする

この本で「ドル資産を持つのが賢明だ」と理解された方から「どのドル資産がよいか」と聞かれれば、**私は相変わらず米ドルのMMF**（マネー・マーケット・ファンド）**の購入をお勧めします。**今、「金利がマイナスになったので、MMFの販売が中止された」という記事が散見されますが、それは円やユーロのMMFであり、米ドルのMMFは、相変わらず邦銀や日本の証券会社の窓口で購入できます。

米ドルのMMFは、内容的には、ほぼドル預金と同じです。米ドル預金はドルでの元本が保証されていますが、ドルのMMFは投資信託ですから理論上、元本割れのリスクはあります。

しかし、短期の米国債や優良企業の短期社債等で運用されていますので、**元本割れが実際に起こる確率は、かなり低いと思っています**（もちろんドル預金、MMFとも為替で損をする可能性はあります）。

大きい違いは、為替益に対する税金です。**ドル預金は総合課税（雑所得）であり、ドルのMMFは20％の源泉分離課税です。**2015年まではMMFは非課税でしたから、すべての方にMMFをお勧めしていましたが、2016年からMMFは20％の源泉分離課税になったため、今は「所得で決まる総合課税＋10％の住民税」と「20％の源泉分離の税金」、どちらの税率が低いのかをチェックして選択してください、と申し上げています。

また元本割れのリスクはないとはいえ、外貨預金をした場合は、ご自身の所得が高くないといっても、今まですする必要がなかった確定申告をしなくてはならなくなるケースもでてくるのでご注意ください。もっとも慣れれば、確定申告はそう難しいものではありません。

一般的にいえば、所得の多い方は、ドルのMMFのほうがよいでしょう。

先ほど触れたように、2015年末まではドルのMMFは非課税でした。それが2016年から20％の源泉分離になるということで、2015年末に大規模なドルのMMFの解約があったと思います。これが2015年末からの大幅円高の大きな原因の一つだったと私は思っています。せっかくのインフレ傾向に水を差し、景気を低迷させた原因です。

ドルのMMFから税金を取るという税制改革が、円高を引き起こし、景気低迷による所得税や法人税の減収につながったのです。税務当局は、税収を増やしたいのなら、「木を見ず森を見ての判断」をしなくてはいけないと思います。それ以上に、この単なる税制改革が「アベノミクスによる景気回復の足を引っぱった」という事実に気がつくべきです。

税金というのは、まさに「政治そのもの」で、景気動向を左右します。1兆7000億円の「相続税収・贈与税収」は、たばこ税を2倍にすれば補填できます。相続税・贈与税をなくせば、日本経済は力強く回復すると思いますが、日本では同意を得られそうもないアイディアなのが残念です。この国は、何でも平等、平等、「結果平等」の社会主義国家ですから。

話を戻すと、私は、ドルのＭＭＦを非課税に戻すとともに、「ドル預金の為替差益をも非課税にしろ」と長年、主張しています。そうなると、多くの人がドル預金に魅力を感じ、円安／ドル高が進み、日本経済は大いに回復すると思うからです。

私の秘書をしている長男けんたが、「銀行に行って、円の定期預金をしてきたよ」と連休前に報告をしてきた。ドルのＭＭＦ購入ではなく、円の定期預金なのだ。「財政は危ない。インフレになる。現金預金は価値がなくなる。円は暴落する」という我が主張を身近にいて、耳にタコのできるほど聞いているけんたが、である。「おこぼしをしてはネクタイにシミをつけているような父親」を身近に見ていると、信用が置けなくなるらしい。自分のお金だから、自分で運用先を決定するのは当たり前とはいえ、息子も説得できないとは、あな情けなや。

米株からドルのＭＭＦにシフトせよ

持つならドル資産がいいといっても、ドル投資なら何でもよいわけではありません。今まで米株やドルの長期国債を保有していたのなら、そろそろドルのMMFにシフトさせるべき時期だと思います。米株は史上最高値圏で上下していますし、長期国債価格も十分、上昇しています。これらを保有していた方は、ドルベースでは利益がでている方がほとんどだと思います。**損切りの売りより、利益確定売りのほうが、精神的には楽です。私ならこの時期に利益を確定します。そして、そのお金を米ドルのMMFに移します。**

世界経済、米国経済に与える日本の影響は、昔に比べれば、かなり小さくなっています。

しかしそうはいっても、日本にハードランディングが起きれば、米国株も多少の影響は受けるでしょう。何度も申し上げますが、これからしばらくは「資産を守る」時期で、「儲けようとする」時期ではないと思うのです。日本にハードランディングが起きれば、間違いなく大幅な円安が進む。その利益だけを取ればいいのです。それ以上のリスクを取ってまで、プラスαのキャピタルゲインを狙う必要は今はない、と私は思っています。

米国の長期金利も、今後はさすがに上昇してくると思います。現在の10年債利回りの1・6%はあまりにも低すぎます。金利と値段はコインの裏表の関係ですから、金利が上がれば値段は下がります。それも長期国債の値段の下落は、短期国債よりはるかに大きいのです。

ですから金利が上がってから売却すると、（ドルベースで）キャピタルロスとなってしまう可能性もあるのです。だからこそ米国長期国債や米国長期国債ファンドに投資していた方も、今こそ短期国債の投資信託である米ドルのMMFへの切り替えをするべき時期だと私は思うのです。

購入は国内の銀行や証券会社を使えばよい

いずれ預金封鎖や新券発行があると考えるのなら、海外の金融機関に資金を移さなければならないのか、と聞かれます。

いずれはそういう時期が来ることを、私は否定しません。しかし、それはハイパーインフレがやってきて、その際、中央銀行がどうやって余剰資金を吸収するかを考えなければならない段階の話です。私は囲碁打ちでも将棋指しでもありません。先の先のことまで考えていると頭がおかしくなってしまいます。今現在、日本はデフレから脱却しているとは言い切れません。

ハイパーインフレ到来後の対策を考えるのは、少し気が早いと思います。**当面はデフレからハイパーインフレに移る局面で、どうやって財産を守るかに集中すべきでしょう。**

今、海外に資金を物理的に移すと、ドル預金だろうが、米ドルのMMFだろうが、為替益は総合課税となり、収入の多い方は55％の所得税＋住民税（課税所得4000万円超の限界税率が55％）がかかってしまいます。1ドルが100円から1000円になって、900円儲かったと思ったら、900円の55％もの税金を取られた、ではやっていられません。

国内の金融機関で米ドルのMMFを買っていれば、900円の儲けに対して20%の源泉分離、すなわち180円の税金で済むのです。

これがハイパーインフレが来るまでは国内でのドル運用を考えるべきだという理由です。

不動産を買うならドル投資分を残せ

今まで述べてきたように、これだけ財政赤字が巨額になったのですから、インフレは不可避だと思います。問題は適度なインフレで収まるか、ハイパーインフレに突っ込んでいくのか？です。ここまで読んでいただいた方は、**私が「ハイパーインフレは不可避」だと思っている**ことに気がついておられると思います。**日銀の質的量的緩和政策に出口がない**からです。フットブレーキもエンジンブレーキもきかない状況でアクセルを踏み込んでいれば、適度なスピードへの減速は無理なのと同じです。

このような状況ですから、銀行から借金をして不動産投資をすることに、私は賛成です。不動産を買うなら、ハードランディング時のほうが安く買えるからいいではないか？との質問をよく受けますが、ハードランディングで地価が値下がりしているときに買いに向かうのは、普通の方には難しいと思います。

私は30年間の「逆張りの経験」がありますからできると思いますが、経験のない方には無理でしょう。どこまで価格が落ちていくのかわからない。破産してしまうのではないか？との恐怖感はものすごいものです。

またハードランディング時は、銀行も貸金回収に専念し、新規融資には応じないと思います。そんなときは銀行といえども、自行の倒産回避だけで精一杯ですから。

また金利は急騰していることでしょう。

今、不動産を買った場合、ハードランディング時の元利金の返済手段さえ確保しておき、あとは寝て待っていればよいのです。

不動産は、倒産により紙切れになる可能性のある株と違って、その可能性はありません。地価は一時下がっても、インフレで必ず戻ってきます。

「インフレなら株でもいいではないか？」とよく聞かれますが、株より不動産のほうがいいと思うのは前述の理由からです。

ハードランディングを生き延びた企業の株価は、輸出業関係を中心に、その後はぐんぐんと上昇すると思います。しかし、どの会社が生き残るかがわかりません。ハードランディング時につぶれてしまったら、株価はそれ以降、上昇しようがないのです。倒産で株券は紙切れに変わってしまうからです。

財政赤字に目を向けない経営者は、Xデーへの準備をしていないでしょうから、彼らの経営する会社の株は怖くて買えません。JALや東電も、一時的であったにしろ、誰が倒産や倒産状態になると予想したでしょうか？　大きいからというだけでは、倒産回避の理由にはなりません。私にはどの経営者が大丈夫か見極める絶対の自信がありません。

ですから今現在は、株式投資より不動産投資のほうがいいかな、と思っています。

ハードランディング後の日本経済大回復期には、もちろん株投資を再開します。

不動産投資を推すと、「でも少子化だから不動産需要が減る」と反論をされる方がいます。しかし坪50万円の土地は、ハイパーインフレになったときに坪30万円に下がりはしません。坪7000万円になることはあるでしょう。でも坪1億円にはなりません、少子化だからです。ということで、地価を決める最大要因は、インフレの進み具合だと私は思っています。

ただ**「借金をしての不動産投資」で最も注意が必要なことは、ハードランディング時に元利金を返し続けられるか**、という点です。

1997年のアジア通貨危機のときのように企業がつぶれまくり、失業者が町にあふれる状況が起きれば、元利金の支払いに不安が残ります。マンションの借家人が失業し、賃料を払ってくれなくなったせいで、毎月の銀行への元利金返済原資が不足するリスクです。そうなると銀行に担保として差し入れていた不動産を持っていかれてしまいます。借金も終了です。

インフレ対策のためにやった施策が、その時点で「無」になってしまいます。

自宅の場合も同じです。自分自身が首を切られて収入がなくなれば、月々の元利金の返済ができません。担保に入れていた自宅を銀行に持っていかれてしまいます。

それらの事態を防ぐためには、ドル資産の保有が必要なのです。

そのようなハードランディング時には、1ドル＝1000円になっているかもしれません。1ドル＝100円で買ったドルを、1ドル＝1000円で売り、その儲けで元利金を返済していれば、支払いが滞ることはありません。ハードランディングが起きたとき、ドル資産は、不動産を借金して買ったときのヘッジになるのです。ですから昔のように、**借金したお金で目一杯不動産を買うのではなく、何割かはドル資産の保有に向けるのが肝要かと思います。**

2016年2月28日の読売新聞に、BS日テレの「深層ニュース」のキャスターでもいらっしゃる読売新聞編集委員の近藤和行さんが、「エコノ考」（酒飲んで寝てしまえ）というタイトルの記事の中で、私のことを書いてくださった。

「アランは『およそ成り行き任せの人は気分がめいりがちなものだ』と続ける。事態打開に自ら動く。そんな考え方が悲観一色の今こそ必要なのだろう。

別の考えもある。『伝説のディーラー』とされた藤巻健史・参議院議員は取引で大忙しの頃、『いつか大損する』としばしば悲観論に取りつかれた。疲れ果て、哲学者の友人に心の持ちようを尋ねたら、答えは『酒飲んで寝てしまえ』。期待していた『哲学的』にはほど遠い内容だった。本人いわく、それはそれで効果アリだという。割り切りもある種の『意思』。要はジタバタしないことかもしれない」

住宅ローンは変動から固定に変更すべし

個人の話で恐縮ですが、私は親戚と一緒に平成初期、マンション建設用に三十数年間の融資を受けました。金利は10年間ごとの固定金利だったのですが、最後の金利見直し時期が2016年11月にやってくることになりました（途中で住宅都市公団から民間銀行に乗り換えたので、30年ピッタリではありません）。

私は、いつハードランディングが起きて、金利が跳ね上がってもおかしくないと思っていましたから、次回の金利見直しの11月まで市場が平静であるように祈っていました。

もっとも私は、金融のプロを自負していましたから、ただ祈って待っていたわけではありません。国債先物をショート（売り持ちポジション）して、金利上昇のヘッジをしていました。

しかし、この物件は親戚一同で建てたものですから、金利が上昇すれば私は大丈夫でも、へッジをしていない親戚は困ります。そこで、期限前返済（3カ月間分）のペナルティーを払ってまで（〈注〉を参照）、私は今後10年間の固定金利を2016年8月に確定したのです。

ちなみに固定金利を払っていた場合、期限前返済時の金利が低くなっていれば、ペナルティーを払わねばなりません。

〈注／金利が高いときに借りた固定ローンを期限前返済すると、ペナルティーが必要です。たとえば顧客が10年間の融資を5％の固定で借りたとします。銀行はこの融資を実行するための原資として、たとえば4・5％、10年の資金を市場から借りてきます。顧客が9年目に突然解約すると、銀行は4・5％で市場から借りてきた資金が1年間余ってしまうことになります。そのとき市場の1年間のレートが1％ですと、余った資金（4・5％）を1％で貸した銀行は、1年間で3・5％の損をしてしまいます。期限前返済は顧客の都合ですから、銀行が被る3・5％の1年分を顧客にペナルティーとして請求するのです〉

住宅ローンを変動金利で借りている方は、固定金利に変えるべき時期だと、私は思います。

変動金利から固定金利に変える際のペナルティーは、（固定金利融資の期限前解約と違い）そう大きいものではないはずです。手数料程度といえるかもしれません（このあたりを詳しく知りたい方は『藤巻健史の実践・金融マーケット集中講義』をご参照ください）。

何せ麻生財務相が2016年8月2日、日本銀行の黒田総裁と政策協調を確認し、40年国債の増発を検討すると表明したのです。市場に広がっていた50年国債導入の観測は否定したものの、40年国債は現在最長の年限で、40年国債の増発は超低金利を生かす狙いとのことです。

今後、金利が上昇しそうだと思えば、「1年ごとに変動する変動金利」ではなく「長期間の固定金利」を選択したほうが、トータルの金利支払いを少なくすることができます。

40年国債を増発するということは、国も、今後は金利が上昇すると見ているのです。国でさえそう思っているのなら、個人もその判断を共有するほうが利口だと私は思います。

住宅ローンに関しての読者からの質問

前項の内容を私のブログ「藤巻プロパガンダ」に書いたら、以下のような質問メールが来ました。

「10年以上藤巻さんのご意見を信じて（納得して）米ドルとS&P500（注／スタンダード・アンド・プアーズ社が算出している米国の代表的な株価指数）を買い続けている者です。住宅ローン金利について質問します。

日本には利上げの手段がない、といつも藤巻さんは書いていながら、住宅金利を固定にしたことについて教えてください。私は、現在の低い金利は異常であると思いながらも、利上げができないのであれば、固定金利よりさらに低い変動金利であるべきではないかと思います。

チキンレースであることを知りながら、私は変動のままにしています。どこかで固定金利に変えなければいけないのですが、ペナルティーを払ってまで数か月待たなかった（待てなかった）のは、どのようなお考えでしょうか」

この方の質問に対する答えですが、私は（何度も書いてますが）「日銀には、金融緩和からの出口がない」と説いています。「出口がない」と言う理由の一つは、「日銀は短期金利を上げる手段を失った。金利を上げることができない」というものです。質問者の方は「短期金利を日銀が上げられないのなら、住宅ローンはずっと短期金利に連動している変動金利型がいいではないか？」という疑問を持たれたわけです。鋭い質問だと思います。以下が私の回答です。

「鋭いご指摘です。たしかに説明不足でした。利上げができないのは短期金利です。日銀は今でこそ、長期金利をコントロールしていますが、基本的に短期の金利しかコントロールできないといわれています。

市場が、消費者物価指数の２％達成が近いと思えば、長期金利は上昇します。長期金利の上昇を日銀は当然抑えられませんし、短期金利の引き上げ手段も失ってしまっています。

ただ、日銀が短期金利の引き上げ手段を失っても、市中の金利はじわじわと上昇していくでしょう。そうなると日銀当座預金に積み上がった資金は、市中に出回っていきます。それでインフレが加速します。

金利が上がる分、インフレは減速するでしょうが、日銀は資金吸収機能も失っているので、金利をもっと引き上げたくても、そのように誘導はできないのです。

すなわち、市中の短期金利の動きは、今までは日銀の手のひらの上で踊っていましたが、『手のひらから飛び降りてしまった』ということです。日銀は先手を打っての積極的な短期金利の引き上げ誘導ができない。短期市場金利は追認的にしか上昇していかない。しかし上昇することは上昇する。『日銀が利上げ誘導手段を失ったから、市中金利が全く上がらない』ということではないのです」

つまり、なぜ数カ月間待てずに、ペナルティーを払ってまで固定金利にしたのか？　という質問への回答は、①借り換えればその数カ月間はより低い金利であり、ペナルティーが軽減できること、②数カ月後の長期金利より、今のほうが低いと思えること、そして最大の理由は（数カ月間は大丈夫かもしれませんが）、③いつ長期国債がクラッシュしてもおかしくないこと。そのときに悔やむのは嫌だったからです。

「ディーリングと同じで、大底では買えないものだ。それなら、それなりに納得のできるところであれば、よしとする」という考え方でもあります。昔の私の本のタイトルでいえば「タイヤキのしっぽはマーケットにくれてやる！」なのです。この本がでる頃には、数カ月前の判断が適正だったかどうかがわかっているでしょう。

◆金融機関が今やるべきこと

このようなとき、金融機関は何をすべきでしょうか?

私は全国地方銀行協会から毎年、年1回くらいの割合で調査誌「地銀協月報」への寄稿を依頼されますが、前回は次のような内容を書きました。

まずは、金融機関自身がハードランディング期を生き延びることが大切です。また顧客にも生き延びる手段を提供しなければなりません。そのためには第一に経営陣が日本の財政事情に絶えず注意を払い、危機意識を持つこと。そして、そのときに備えた方策を銀行自身でも取り、顧客にも、そのような商品を開発・提供することが重要だと思います。

どの程度金利が上がったら、自行が経営危機になるかという試算を行い、それに合わせて対策を練るのです。国債保有残高を減らすことやドル資産の積み増しも一法でしょうし、スワップションや債券先物のプットオプションの購入、"Far out of the money"(現状の直物相場とかなり離れたレベル)のドルコール/円プットオプションの購入等が自行防衛のためには考えられます。顧客用には最低限ドルのMMFや債券ベアファンド等の商品を取りそろえておくことが望ましいと思うのです。

住宅ローンでは、現時点での金利が安いからといって変動金利型を勧めるのではなく、変動

金利型の（長期金利急騰時の）リスクもきちんと説明して、顧客に固定金利型か変動金利型かを選択させるべきです。顧客が固定金利型を選んだ場合は、市場で反対取引をして、自行がリスクを被らないようにしておくことも大切です。

ハードランディング後は、ゆうちょ銀行他の政府系金融機関を早急に100％民営化するよう、業界として主張すべきです。民業圧迫の是正というよりも、市場原理の働かない参加者を排除して、日本に市場機能の働く真の資本主義を導入するためです。

国が今やるべきこと

国がやるべきことは「来るべきハードランディング時にどう国民を守るか考えること」がまず一つです。個人がドルを買って自衛するように、国もドルを備蓄し、困難時に食料、燃料、高額医薬品の緊急輸入の原資とすることが必要だと思います。ハイパーインフレで価値のなくなる円ではモノを売ってくれない外国も、ドルなら売ってくれるからです。

現在日本は、1兆2647億ドル（2016年7月末現在、約130兆円）の外貨準備を持っています。うち米国債を中心とする外国証券は、1兆76億ドル（約112兆円）です。この外貨準備預金を少しでも増やしておくことが肝要です。ハードランディング前に売却して、一般会計の赤字に充てるなどという馬鹿なことをしてはなりません。

保有外貨準備の資産の組み換えをすることも、今、重要だと思います。これはハードランディングが来る前にやっておくべきことで、参議院の財政金融委員会でも質問しましたが、いまだ政府の重い腰が上がっていないそうなのが残念です。

今、外貨準備で持っている5年超の外国証券は、時価ベースで34兆円強あります。国がやるべきことは、個人がやるべきことと同じです。長期金利がここまで低くなっているのですから、含み益を実現益に変える意味で、この長期米国債を売却することです。そして入手したドル全額で、短期米国債を買うのです。長期米国債を売却して得た同額のドルで短期米国債を買うので、為替には影響しません。もしかすると、円安/ドル高に振れるかもしれません。

将来的には、今まで述べてきたように、日銀は短期金利のコントロール能力を失うと思いますが、今のところはまだ日米ともに、中央銀行がコントロールできています。したがって短期金利差は変わらないでしょう。そして日本政府が大量の長期米国債を売却すれば、長期米国債の値段は下がります（＝米国の長期金利は上昇）。日米長期金利差が拡大し、円安/ドル高に資する可能性もあるのです。

副次的に売却益が円で計上されますから、国の借金総額を多少は減らすこともできるのです。また、この本でも触れましたが、財務省と縄張り争いなどせずに、日銀が自分自身の勘定で、米国債を買い進めることも重要です。外国には金融緩和継続の手段と言えばいいのです。そうすれば財務省の勘定の他に、日銀保有のドルが急速に増えます。

ハードランディング時には、外貨準備や日銀保有のドルで国民の命を守っていれば、いずれ大幅円安により、日本経済は力強く再興します。市場原理は偉大なのです。

先日個人タクシーに乗ったら、珍しく女性ドライバーだった。運転手さんが話しかけてきた。

「私60歳、お客さんいくつ?」「66歳です」「まだ働いているの?」「はい」「その歳で働いているのなら契約社員ね?」「ン、ン?」でも考えてみればそうだ。「はい、そうです」「あと、何年働くの?」「あと3年です」「その後どうするの?」「皆様いかんです」「ン、ン?」——どうも運転手さん、「選挙結果次第です」と言外にほのめかしたつもりだが、それはわからなかったようだ。

ご存知かもしれないが私は、「日本維新の会」所属の参議院議員（全国比例）だ。3年前に初当選させていただいたのだが、その十数年ほど前にも、衆議院選への立候補を打診されたことがある。このときは家内のアヤコから「立候補するなら離婚する」と宣言され、お断りした。テニスのとき、「フジマキさんはミスをすると、すぐ奥さんの顔を盗み見る。まるで、悪さをして、すぐおかあさんの顔色をうかがう子供みたい」とテニス仲間の女性に言われたほどだから、アヤコの意向には逆らえない。

しかし3年前、アヤコが「そんなに日本の経済運営にイライラしているのなら、自分が中に入って、誤りを正すのも一法ね。それなら最後のご奉公で、過労死でも本望よね。応援はしないけど反対もしないわ」と言ってくれた。だから政治の世界にチャレンジした。情けないきっかけではある。

しかし朝日新聞beの「藤巻兄弟」や週刊朝日の「虎穴に入らずんばフジマキに聞け」の読者の方であれば、私がかなりイライラしていたことをご理解いただけていたと思う。

今後とも、ぜひイライラが解消するよう、最後のご奉公のつもりで頑張っていきたいと思う。

おわりに

２０１６年5月22日号のサンデー毎日は、「アベノミクスは『ハイパーインフレ』を引き起こす！」という倉重篤郎さん（毎日新聞元論説委員長）の記事がメインの特集となっています。倉重さんは、この記事の中で、私のことや私の主張を大いに取り上げてくださいました。

ところでこの拙著は、元ディーラー・フジマキの立場で書いてあり、政治的なバイアス（偏向）は全く入っていません。ただ私も一応は政治家です。本来なら政治家の役割にも触れなくてはいけなかったはずです。ちょうど倉重さんの記事では、政治の役割も含めて私に触れてくださっています。そこで、この記事の私に関する部分（の一部）を紹介することによって、拙著の締めくくりとさせていただきたいと思います。

以下、「アベノミクスは『ハイパーインフレ』を引き起こす！」より。

「今回は、犬ならぬオオカミの遠吠えに焦点を当てる。といってもオオカミになってもらうわけではない。その遠吠えをどう聞き、被害者たりうる国民にどう訴えるか。ある意味オオカミ少年として警告を発してもらう。

オオカミ少年といっても、『オオカミが来た』という少年の嘘をイソップ寓話風に戒めるわけではない。少年が真実を語ったときにそうと見極められず、村の羊をすべてオオカミに食べられてしまった村びとたちの悲劇の方に教訓を得ようとするものである。

世の中には優れたオオカミ少年がいる。普通の人では探知できない遠吠えからその危険度を的確に判定できる人たちである。

二人の参議院議員（注／私と大久保勉前参議院議員の二人）にその役割をお願いした。経済と政治の両方に通じた人、民間経済や市場の動向を熟知、それに応じた政治の役割をリアルに語れる人たちだ。（中略）

では、政治の出番はどうなるか？

藤巻氏はその来るべき事態を明治維新、敗戦に次ぐ日本国第3の試練（＝変革期）だと受け止めている。それは71年ニクソンショック、85年プラザ合意とは比べものにならないインパクトを持っている、という。氏によると、このことで国民は苦しむが、同時に１０００兆円の赤字がハイパーインフレで無価値化、解消されるわけで、皮肉なことではあるが、現役世代の作った借金を子々孫々が返済する、という世代間格差を是正するともいえる。

ただ、政治には時の衝撃を緩和し、その後の青写真を作る使命がある。それこそが彼が自らに課したものというのだ。円が一時紙切れ状態になることを覚悟して、ドル資産を温存しておくことが一つ。青写真としては、市場原理が機能する機会平等の資本主義国家への脱皮を訴える。あまりに社会主義的資本主義だったことが日本経済を悪化させたと考えるからだ。

（中略）

アベノミクスは、穏やかなインフレ、円安でこの事態に対処しようとした。インフレは赤字や社会保障を相対的に縮小させ、円安は成長を刺激するからだ。

いわゆるソフトランディング路線である。だが、その手段としての量的緩和策がドツボにはまっている。この出口は一時的な経済破綻しか解決しない。結果、ハードランディングとなる。

安倍首相は、まだソフトランディングが可能と主張するだろう。そうであればありがたい。だが、我々国民に求められるのは、オオカミの遠吠えを聞き分ける、覚悟ある賢い羊になることであろう」

ぜひ「オオカミ爺さん・フジマキ」の遠吠えを聞き分けていただきたいと願っております。

２０１６年10月

藤巻健史

〈著者プロフィール〉

藤巻健史（ふじまき・たけし）

1950年、東京生まれ。一橋大学商学部を卒業後、三井信託銀行に入行。80年に行費留学にてMBAを取得（米ノースウエスタン大学大学院・ケロッグスクール）。85年米モルガン銀行入行。東京屈指のディーラーとしての実績を買われ、当時としては東京市場唯一の外銀日本人支店長に抜擢される。同行会長から「伝説のディーラー」のタイトルを贈られる。2000年に同行退行後は、世界的投資家ジョージ・ソロス氏のアドバイザーなどを務めた。1999年より2011年まで一橋大学経済学部で、02年より08年まで早稲田大学大学院商学研究科で非常勤講師として毎年秋学期に週1回半年間の講座を受け持つ。日本金融学会所属。現在は、日本維新の会所属の参議院議員（全国比例区）。東洋学園大学理事。「週刊朝日」で「虎穴に入らずんばフジマキに聞け」（毎週）を連載中。

公式ホームページは https://www.fujimaki-japan.com

国家は破綻する

「日本は例外」にはならない!

2016年11月10日　第1刷発行

著　者　藤巻健史

発行人　見城 徹

編集人　福島広司

発行所　株式会社 幻冬舎

〒151-0051　東京都渋谷区千駄ヶ谷4-9-7

電話　03(5411)6211(編集)

03(5411)6222(営業)

振替　00120-8-767643

印刷・製本所　中央精版印刷株式会社

検印廃止

ISBN978-4-344-03027-5　C0095

幻冬舎ホームページアドレス　http://www.gentosha.co.jp/

この本に関するご意見・ご感想をメールでお寄せいただく場合は、

comment@gentosha.co.jpまで。